李卉 编著

# 女性法律必修课

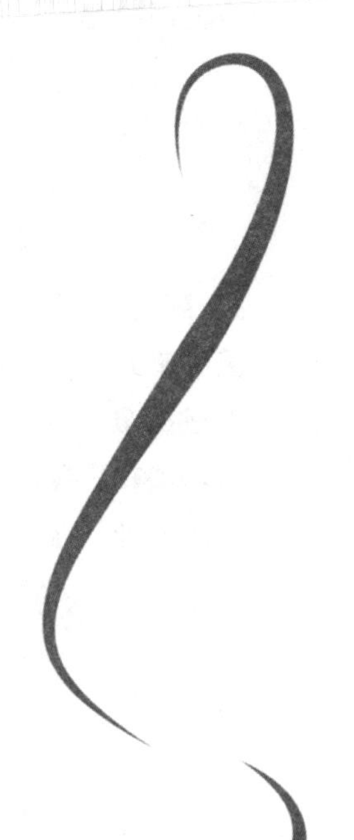

根据《中华人民共和国民法典》等法律对女性维权热点问题进行**权威解读**

山东城市出版传媒集团·济南出版社

**图书在版编目(CIP)数据**

女性法律必修课 / 李卉编著. —济南 ：济南出版社，2021.1

ISBN 978 -7 -5488 -4361 -0

Ⅰ.①女… Ⅱ.①李… Ⅲ.①法律—中国—通俗读物 Ⅳ.①D920.5

中国版本图书馆 CIP 数据核字(2021)第 022346 号

**出 版 人** 崔 刚
**图书策划** 史 晓
**责任编辑** 史 晓
**特约编辑** 张冰心 陈 新
**封面设计** 张 倩

**出版发行** 济南出版社
**地　　址** 济南市二环南路 1 号(250002)
**印　　刷** 济南新科印务有限公司
**版　　次** 2021 年 1 月第 2 版
**印　　次** 2021 年 2 月第 1 次印刷
**成品尺寸** 170mm×240mm 16 开
**印　　张** 14.25
**字　　数** 185 千
**印　　数** 1 -5000 册
**定　　价** 75.00 元

# 前　言

“我如果爱你——绝不像攀援的凌霄花，借你的高枝炫耀自己；我如果爱你——绝不学痴情的鸟儿，为绿荫重复单调的歌曲……”我一直比较喜欢舒婷的诗，明丽隽美，缜密流畅，朦胧中表达和透露出一种对女性独立和现代爱情理想的追求和崇尚。在旧社会，女人一直是以男性附属品的地位存在着，即便是最美好和神圣的爱情，对于女性而言也基本上是以压抑、萎缩和牺牲自我为前提，理想状态下那种相互平等和各自独立的现代主义两性关系到现在也很难实现。

自妇女解放运动以来，女性的独立地位逐渐显现出来，特别是从1995年我国男女平等基本国策提出至今20多年的时间里，女性的社会地位和法律地位有了大幅度的提高。随着《中华人民共和国民法典》及相关司法解释的施行，我国婚姻家庭法律规定越来越完善，特别是对妇女权益的保障不断加强，如民法典第一千零七十七条规定的离婚冷静期制度，第一千零八十八条规定的离婚经济补偿请求，第三百六十六条规定的居住权，第一千零六十条规定的家事代理权，第一千零六十四条规定的夫妻共同债务的认定标准，第一千零七十三条规定的亲子关系确认、否认等规定都充分体现了民法典对妇女权益的保护……当然，在看到这一可喜局面的同时，我们也不得不将视线暂时转移：由于女性的社会参与度逐渐提高，法律意识不断增强，她们在结婚、离婚、生子、抚育、教育、赡养、继承、劳动、消费等方面所面临的问题和纠纷也日渐多了起来。现代女性，从情窦初开、谈情说爱到婚姻殿堂，从孕育生命、生育子女到教育、抚养，从理家、理财到工作、事业，谁也不敢说不接触法律，用不到律师。

经过半年多的紧张准备，《女性法律必修课》（第二版）终于付梓。

本书依据民法典及司法解释的最新规定，结合我和我的团队多年来代理、解答过的众多与女性相关的、具有典型性的常见案例，从职业律师的角度予以分析，解答女性朋友们在社会生活中遇到的各种法律问题。全书共分六大篇，分别是婚姻情感篇、家庭关系篇、继承析产篇、劳动保护篇、物权及消费维权篇和人身安全篇，囊括了婚恋、家庭、事业、消费、人身安全等各方面的问题。同时又根据每一类问题的不同侧重点，在每一篇中细分了章节，方便读者按图索骥，而每一个案例（其中人物均为化名）又从案情简介、温馨解答、律师点评和法条链接这四个方面具体展开，使读者朋友们能够根据自己的具体问题迅速对号入座。

《女性法律必修课》这本书最大的特点是实用性强，紧跟时代步伐，对新出台的一些法律法规进行了详细的讲解。另外，本书篇章结构清晰，选用读者最易于接受的形式，使读者拿起这本书，就像是和自己的一个律师朋友在交谈；诉说案情，解答点评，娓娓道来，将法律依据和相关条文贯穿其中，给读者最直接最准确的“明白纸”。

应急查之，答疑解惑，可作为工具书；闲暇细品，人间百相，又是一本生动的故事书。这本《女性法律必修课》，值得一读！

由于篇幅所限，水平有限，不足之处难以避免，希望各位读者多多批评指正。

李　卉

2021 年 1 月

# 目 录

## 第一章 婚姻情感篇

第一节 恋 爱 …… 3
无法得到的“青春损失费” …… 3
当爱已成往事 …… 5
第二节 结 婚 …… 9
“一婚”不容“二妻” …… 9
不离婚可以分割财产吗 …… 12
“AA 制”的困惑 …… 14
黄昏恋的哀伤 …… 17
丈夫的情人 …… 19
第三节 离 婚 …… 22
消失的财产 …… 22
不堪重负的婚姻 …… 24
谁为借腹生子负责 …… 25
离婚后，物业费花落谁家 …… 28
前妻的生活费 …… 30
反悔的协议 …… 32
“离婚冷静期”让你静一静 …… 36
家务缠身的妻子与出轨的丈夫 …… 38

## 第二章　家庭关系篇

第一节　夫妻关系 …… 43
负债累累的“老好人” …… 43
爱花钱的妻子 …… 45
第二节　抚养关系 …… 47
代孕妈妈的苦恼 …… 47
谁是女儿的监护人 …… 49
女儿保卫战 …… 52
谁更有钱，孩子就归谁抚养吗 …… 54
离婚夫妻的争孩儿大战 …… 57
凋落的花朵 …… 59
宝宝的“两个爸爸” …… 62
第三节　抚养费 …… 65
女儿的医疗费 …… 65
第四节　探　望 …… 68
前妻登门，藕断又丝连 …… 68
爷爷奶奶的探望权 …… 70
第五节　赡养纠纷 …… 73
不继承是否就可不赡养 …… 73
都是分家惹的祸 …… 75
亲情的考验 …… 78

## 第三章　继承析产篇

第一节　遗　嘱 …… 83
病床前的遗嘱 …… 83
只因我是女儿身 …… 85
多份遗嘱的困惑 …… 88

第二节　法定继承 …… 91
缺失的母爱 …… 91
谁是房屋的主人 …… 93
儿媳的继承权 …… 95
再婚夫妻情比金坚 …… 98
侄女的继承权 …… 100
第三节　遗赠扶养协议 …… 102
形同虚设的遗赠扶养协议 …… 102
和保姆的约定 …… 104

## 第四章　劳动保护篇

第一节　试用期 …… 109
非全日制用工有试用期吗 …… 109
试用期间是否应当缴纳社会保险 …… 111
第二节　劳动合同 …… 114
劳动合同到期不续签，后果谁来担 …… 114
未能签订劳动合同，谁之过 …… 117
员工提前辞职，单位拖延交接，造成损失怎么办 …… 119
第三节　经济补偿金 …… 122
工作调动后解除劳动合同，经济补偿金如何计算 …… 122
公司未按规定支付工资，员工如何维权 …… 124
员工给企业造成的损失可以用工资抵扣吗 …… 126
第四节　特殊时期保护 …… 129
劳动合同马上到期，员工发现已怀孕怎么办 …… 129
工作时间遭遇流产，能要求公司赔偿吗 …… 131
因怀孕被调岗降薪怎么办 …… 134
第五节　工　伤 …… 137
用人单位把社会保险费支付给员工，员工发生工伤怎么办 …… 137
劳动合同还是劳务合同？发生工伤如何处理 …… 140

在工作过程中突发疾病死亡是否属于工伤 …………………… 142

## 第五章　物权及消费维权篇

第一节　购　车 …………………………………………………… 147
买车遭欺诈，新车变旧车 ……………………………………… 147
“产品召回”知多少 …………………………………………… 149
第二节　买　房 …………………………………………………… 152
谁动了我的房子 ……………………………………………… 152
逾期交房的代价 ……………………………………………… 155
第三节　居住权 …………………………………………………… 158
再婚妻子的居住权 …………………………………………… 158
第四节　商场购物 ………………………………………………… 161
在超市摔伤，谁来负责 ……………………………………… 161
展销会购物易维权难 ………………………………………… 163
第五节　网络购物 ………………………………………………… 165
产品质量不过关，网站、厂家“踢皮球” …………………… 165
都是团购惹的祸 ……………………………………………… 167
第六节　医疗美容 ………………………………………………… 170
“不翼而飞”的美容院 ………………………………………… 170
变质的美容精华液 …………………………………………… 173
整容风波 ……………………………………………………… 175
第七节　餐饮服务 ………………………………………………… 178
吃出来的祸端 ………………………………………………… 178
在宾馆遇盗贼，责任谁承担 ………………………………… 180

## 第六章　人身安全篇

第一节　家庭暴力 ………………………………………………… 185
同居暴力 ……………………………………………………… 185
暴力婚姻何去何从 …………………………………………… 187

“约好的”家暴赔偿 …… 190
请别不理我 …… 193
毒嘴丈夫 …… 195
妻子的报复 …… 196
无“证”的委屈 …… 198
萌不起来的萌萌 …… 201
暴力的女婿 …… 203
无奈的反击 …… 205
向暴力老公要精神损失费 …… 207
“王子”变“恶魔” …… 209
第二节 交通事故 …… 212
想“私了”的酒驾分子 …… 212
一个都不能少 …… 215

# 第一章
## 婚姻情感篇

# 第一节　恋　爱

## 无法得到的"青春损失费"

### 案情简介

姚娜初中毕业后就来济南打工，2017 年认识了同在济南打工的郭伟，两人一见钟情，很快过起了同居生活。快乐无忧的日子没过多久，两人就遇到了一个"麻烦"——姚娜怀孕了。刚满 20 岁的他们连自己都养活不了，哪有能力再养一个孩子？于是，惊慌失措的姚娜偷偷找了一个小医院做了人流手术。到底是年轻身体好，姚娜很快就恢复了。可是，两人并未从这件事情中吸取教训，没过几个月，姚娜又怀孕了。这次两个人倒是淡定了不少，郭伟不慌不忙再次陪姚娜去小医院做了第二次人流手术。就这样，两人同居近 3 年的时间里，姚娜一共做了 4 次人流手术。就在两人准备登记结婚到医院做婚前检查时，医生告诉姚娜她已基本丧失了生育能力。这一结果犹如晴天霹雳，郭伟的父母更是不同意让一个基本没有生育能力的女孩做儿媳妇儿，郭伟也一直举棋不定。在父母的逼迫下，郭伟最终还是和姚娜提出了分手，姚娜极力挽回，可都无济于事。无奈之下，身体和感情都受到很大伤害的姚娜提出如果郭伟向自己支付 10 万元的侵权损害赔偿金，自己就同意分手。郭伟和其家人都觉得姚娜"狮子大开口"，坚决不同意支付。

## 温馨解答

**1. 姚娜能否要求郭伟支付10万元的侵权损害赔偿金？**

答：姚娜要求郭伟支付10万元，主要是基于她认为自己多次人流导致基本丧失生育能力是由郭伟造成的。判断郭伟是否应当支付这10万元，首先要看郭伟是否对姚娜构成了侵权。从案例中我们知道，姚娜和郭伟在认识之初就都已经成年，同居属自愿行为，姚娜多次怀孕后做流产手术，最终导致基本丧失生育能力，郭伟对这一损害后果的发生并无主观上的过错，他的行为不构成侵权。因此，姚娜要求支付的这10万元侵权损害赔偿金是缺乏法律依据的，很难得到支持。

**2. 郭伟是否无须承担任何责任？**

答：根据《中华人民共和国民法典》第一千一百八十六条的规定，受害人和行为人对损害的发生都没有过错的，依照法律的规定由双方分担损失。在这个案例中，虽然郭伟对姚娜的基本丧失生育能力没有主观上的过错，但客观上毕竟这种损害是由双方同居引起的，依照《中华人民共和国民法典》的公平责任原则，郭伟可以给予姚娜适当的补偿，补偿标准法律没有规定，但往往不会太高，具体数额可由双方协商或由法院酌情认定。

**3. 如果有女性朋友未婚怀孕，哪些费用可以要求男方承担？**

答：在未婚先孕的情形下，如果女方因为做人工流产而花费的医疗费与男方有因果关系，可要求男方分担；另一方面，如果女方选择将孩子生产，生产所需费用也可以要求男方分担。孩子出生后的抚养费，不管男方是否愿意承担，也不管男方是否同意女方生产，根据《中华人民共和国民法典》婚姻家庭编的相关规定，男方在不直接抚养孩子的情况下，应当承担孩子的抚养费。

## 律师点评

案例中的这种情况多多少少会让类似姚娜这样的受害女性觉得法律不公平。站在姚娜个人的角度来看，姚娜有可能失去做妈妈的机会，而且又面临着被郭伟抛弃的事实，无论在身体上还是在精神上都受到了很大的伤害，而郭伟只承担一小部分的责任，这确实不公平。但从社会宏观角度来看，无论是法律层面，还是道德层面，我国都不倡导婚前同居，更不倡导未婚先孕。婚前同居、未婚先孕明显与国家的婚姻登记制度相悖，甚至会影响到社会的和谐稳定。从个人来看，姚娜作为成年人应该认识到多次流产对身体的影响，同居期间有义务主动采取保护措施来避免自己的身体受到伤害。所以，在这里，律师提醒广大女性朋友，如果双方交往时机成熟，建议尽快办理结婚登记手续。如果双方没有结婚的打算，而又想同居生活，那么一定要学会关爱自己。未婚同居、未婚生育在当今社会虽已经常见，但若最终没有修成正果，无论从生理上还是从心理上都会给女性朋友造成无法弥补的伤害。

**法条链接**

**《中华人民共和国民法典》**

第一千零七十一条　非婚生子女享有与婚生子女同等的权利，任何组织或者个人不得加以危害和歧视。

不直接抚养非婚生子女的生父或者生母，应当负担未成年子女或者不能独立生活的成年子女的抚养费。

第一千一百八十六条　受害人和行为人对损害的发生都没有过错的，依照法律的规定由双方分担损失。

## 当爱已成往事

**案情简介**

赵爽与宋玉山是大学同学，两人从相识到相恋，如今已经过去5个年头。然而，随着交往的逐渐深入，两人慢慢地发现了对方的很多缺点。最让赵爽无法接受与容忍的便是宋玉山的小气。工作后，赵爽再也无法忍受，就向宋玉山提出了自己的看法，但是宋玉山有自己的一套道理。两人想法不同，经常为此发生争执，赵爽更是多次向宋玉山提出分手。宋玉山的母亲急坏了，她赶忙将两家人叫到一起，替宋玉山向赵爽一家人赔不是，并将家里传承下来的一套价值不菲的首饰送给了赵爽，称这套首饰只是小两口结婚彩礼的一部分，等到结婚的时候，绝对亏待不了赵爽。赵爽深受感动，答应和宋玉山再好好相处一下。然而，事与愿违，最终两人还是因各种问题分手了。分手后，宋玉山要求赵爽归还这几年他赠送的所有礼物，尤其是那套家传的首饰，而且还列了一张清单。赵爽觉得不可思议，送人的东西哪有要回去的道理，她不同意归还。

## 温馨解答

**1. 赵爽是否应当归还恋爱期间宋玉山赠送的所有礼物?**

答：实践中类似恋爱期间赠与财物，分手后产生纠纷的事情是比较常见的。恋爱期间赠与的财物分手时是否应当返还，一要看赠与财物的金额大小，二要看赠与财物是否以结婚为目的。

恋爱期间赠与财物大致可以分为以下两种情况:

第一种情况就是男女双方在恋爱期间互相赠送普通衣物或日常生活用品等小件物品。对于这一类财物，如果分手时不返还不足以造成对方生活困难的，可以不予返还。

第二种情况就是恋爱期间，尤其是在订婚的时候，一方赠与另一方大宗财物或一定数额的金钱，对于这一类财物一般应当予以返还。因为根据我国法律的规定，民事法律行为可以附条件，附条件的民事法律行为在符合条件时生效。男女双方在恋爱期间尤其是在订婚的时候赠送的大宗财物就是一种附条件的民事法律行为。当条件未成就时，也就是双方未达成结婚的目的时，赠与行为就不发生法律效力，另一方取得财物就丧失了基础，如果再占有这些财物就属于不当得利，因此，应当返还。如果原物不存在了，可以折价补偿。

在本案中，赵爽是否应当归还宋玉山赠与的礼物，要根据礼物的价值与赠送的目的来确定。

**2. 恋爱期间的赠与和一般的赠与有什么区别？**

答：一般的赠与是指一方以无偿的方式把自己的财物给予他人的行为。这种赠与一旦所有权转移，一般无法再要求返还，赠与的财产归受赠人所有。而恋爱期间的赠与，尤其是大宗财物的赠与，往往不是无偿的。赠与人的真实意图是为了缔结婚姻关系。即使财产权利已转移，如果产生财产转移的原因未发生，当事人所期待的结婚目的未能达成，那么受赠人就缺乏占有财物的合法原因，也应当予以返还。

**3. 宋玉山的母亲送给赵爽的昂贵首饰能否要求返还？**

答：可以要求返还，因为宋玉山的母亲在赠送首饰时明确表示这是彩礼的一部分。根据法律的规定，恋爱双方未办理结婚登记，给付彩礼的一方可以要求对方返还彩礼。因此，案例中宋玉山的母亲送给赵爽的昂贵首饰是可以要求返还的，赵爽也应当返还。

## 律师点评

恋爱期间，男女双方形成一种特殊的社会关系，这种关系包含人身关系和财产关系。恋爱期间双方毕竟没有结婚，尚不形成夫妻之间的权利义务关系。因此，恋爱期间，一方向另一方赠送大额财物一定要慎重，分手后在索回财物时也要注意方式、方法。总之，对恋爱期间财物的处理，双方都应发扬风格，不必过于计较。做不成夫妻，也不要因这些问题而使关系更加僵化。另外，按照习俗给付彩礼的，我国相关法律法规也规定了返还的条件。在符合规定条件的情况下，当事人是需要返还已经收取的彩礼的。

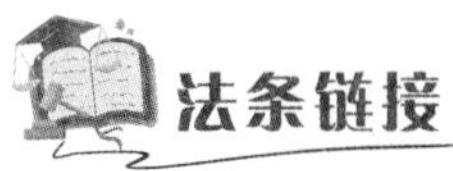

## 法条链接

**《中华人民共和国民法典》**

第一百五十八条　民事法律行为可以附条件，但是根据其性质不得附条件的除外。附生效条件的民事法律行为，自条件成就时生效。附解除条件的民事法律行为，自条件成就时失效。

**《最高人民法院关于适用〈中华人民共和国民法典〉婚姻家庭编的解释（一）》**

第五条　当事人请求返还按照习俗给付的彩礼的，如果查明属于以下情形，人民法院应当予以支持：

（一）双方未办理结婚登记手续；

（二）双方办理结婚登记手续但确未共同生活；

（三）婚前给付并导致给付人生活困难。

适用前款第二项、第三项的规定，应当以双方离婚为条件。

# 第二节　结　婚

## “一婚”不容“二妻”

卢芳与林桥于1989年2月经人介绍认识，三个月后按照家乡的风俗举办了婚礼。当时两人都已经符合结婚的条件，但是因为思想上不重视，所以一直没有办理结婚登记。1998年，林桥到外地做生意认识了比较时髦的刘娇，两人一来二去产生了感情，并很快谈到了结婚的问题。此时的林桥陷入痛苦和纠结之中：离开卢芳？可她毕竟跟了自己近10年的时间，还为自己生儿育女，自己现在发达了，决不能做“陈世美”；离开刘娇？那也不行，和卢芳在一起只是为了结婚生子，和刘娇可是有真感情的，自己哪能放得下刘娇？思来想去，林桥产生了一个大胆的想法——“金屋藏娇”，谁都不放弃，两个家他都要，反正自己现在挣钱多，也不怕养不起两个家。于是在2002年的一天，林桥拿着自己婚姻状况显示“未婚”的户口本到刘娇的老家，和刘娇办理了结婚登记。此后，林桥开始长期奔波于两个家庭之间，而奇怪的是，卢芳和刘娇居然一直都没有发现彼此的存在。就这样过了两年，林桥感觉自己维护两个家庭越来越力不从心了，必须要做出选择了。经过比较，他认为自己没有和卢芳办理过结婚登记，比较好处理，而且自己对刘娇的感情要深一些，于是决定和卢芳分开，选择和刘娇一起生活。当他向卢芳提出分手的时候，卢芳坚决不同意。在卢芳的一再追问之下，林桥道出了实情。可即便如此，卢芳还是不想和林桥分开，依然想要尽力去维护这个家，但都无济于事。无奈之下，心有不甘的卢芳决定要追究林桥和刘娇的责任，维护自己的权益。

## 温馨解答

**1. 案例中，卢芳应该如何追究林桥和刘娇的责任呢？**

答：卢芳可以到公安机关报案，也可以直接向法院提起重婚刑事自诉，要求追究林桥和刘娇的重婚刑事责任。

**2. 卢芳和林桥当初并没有办理登记结婚，在这种情况下，林桥和刘娇结婚也属于重婚吗？**

答：这种情况下，林桥和刘娇的婚姻仍然属于重婚。因为根据最高人民法院关于适用《中华人民共和国民法典》婚姻家庭编的解释的规定，1994 年 2 月 1 日民政部《婚姻登记管理条例》公布实施以前，男女双方已经符合结婚实质要件的，按事实婚姻处理。在这个案例中，卢芳与林桥于 1989 年按照风俗习惯举办了婚礼，虽然当时没有办理结婚登记，但由于两人当时都已经符合结婚的条件，所以实际上他们之间已经属于事实婚姻关系了。在这种情况下，林桥再和刘娇登记结婚，则属于重婚。

**3. 重婚需要负哪些法律责任？**

答：主要是两方面的责任：第一，重婚刑事责任。根据《中华人民共和国刑法》的规定，构成重婚罪的，处二年以下有期徒刑或者拘役。第二，过错损害赔偿民事责任。根据《中华人民共和国民法典》的规定，因一方重婚导致离婚的，无过错方有权请求损害赔偿。

**4. 是林桥一个人构成重婚罪，还是林桥和刘娇都构成重婚罪呢？**

答：根据《中华人民共和国刑法》的规定，重婚指的是有配偶又与他人结婚或者明知他人有配偶而与之结婚的行为。所以林桥肯定是构成重婚罪了。至于刘娇是否构成重婚罪，则要看她是否明知林桥有配偶而仍然与林桥登记结婚：如果是明知的，则构成重婚罪；如果是不知道林桥有配偶，则不构成重婚罪。

## 律师点评

这是一起典型的重婚案例。在这个案例中，由于卢芳不重视结婚登记，以为只要举办婚礼就算是结婚了，导致林桥钻了空子，先后成立了两个家庭。还好，他们举办婚礼发生在1994年之前，根据法律规定他们之间属于事实婚姻关系。假设这件事情发生在1994年之后，那么卢芳和林桥就只能算是同居关系，而林桥和刘娇因为依法办理了结婚登记成为合法的夫妻，那么后果将是卢芳不仅会失去家庭，而且还无法追究林桥和刘娇的责任。因此，律师在这里提醒大家，符合结婚条件的男女，不光要重视传统礼俗，更要认识到结婚登记的重要性，只有经过依法登记的婚姻才是合法的婚姻，才能够得到法律的保护。

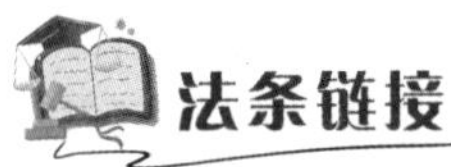

## 法条链接

**《中华人民共和国民法典》**

第一千零四十九条　要求结婚的男女双方应当亲自到婚姻登记机关申请结婚登记。符合本法规定的，予以登记，发给结婚证。完成结婚登记，即确立婚姻关系。未办理结婚登记的，应当补办登记。

**《最高人民法院关于适用〈中华人民共和国民法典〉婚姻家庭编的解释（一）》**

第七条　未依据民法典第一千零四十九条规定办理结婚登记而以夫妻名义共同生活的男女，提起诉讼要求离婚的，应当区别对待：

（一）1994年2月1日民政部《婚姻登记管理条例》公布实施以前，男女双方已经符合结婚实质要件的，按事实婚姻处理。

（二）1994年2月1日民政部《婚姻登记管理条例》公布实施以后，男女双方符合结婚实质要件的，人民法院应当告知其补办结婚登记。未补办结婚登记的，依据本解释第三条规定处理。

**《中华人民共和国刑法》**

第二百五十八条　有配偶而重婚的，或者明知他人有配偶而与之结婚的，处二年以下有期徒刑或者拘役。

# 不离婚可以分割财产吗

## 案情简介

张女士的丈夫吴先生从来都是一个斤斤计较的人，不仅掌握着家里的财政大权，还要求张女士每天记账，大到煤气水电，小到蔬菜针线，所有花费都要记录在册。结婚10余年来，家里已经攒了厚厚的3个大本子，密密麻麻地记载着从结婚第一天到现在的各项花费。2020年2月，张女士的母亲被查出身患胃癌，需要将近8万元的手术费。张女士父母的全部积蓄加起来也就凑了3万多元。于是，作为家中独生女的张女士和丈夫吴先生商量，将家中存款取出5万元为母亲支付手术费。可吴先生却说没钱，让张女士的父母自己想办法。张女士多次和吴先生沟通，吴先生还是坚持说没钱。无奈之下，张女士的母亲做手术的事情一直这么耽误着。然而就在最近，吴先生的父亲也得了重病，吴先生二话没说就取了5万元送到医院。张女士非常生气，于是质问吴先生，吴先生却说："我和我父母才是一家人，你父母又不是我们家的人，我凭什么给他们治病？我和你结婚后辛辛苦苦才存了20万元钱，给我父亲治病花了5万，如果再给你母亲治病，以后咱一家人喝西北风啊？"听了这些话，吴女士失望至极，但不知道接下来该怎么办。

## 温馨解答

1. 一边是掌握财政大权的丈夫，一边是身患癌症的母亲，张女士接下来究竟该怎么办？

答：在这种情况下，张女士可以向法院起诉要求分割夫妻共同财产。很多读者可能都存在这样一个误区，认为只有离婚时才能分割夫妻共同财产。《中华人民共和国民法典》明确规定，婚姻关系存续期间，有下列情形之一的，夫妻一方可以向人民法院请求分割共同财产：（一）一方有隐藏、转移、变卖、毁损、挥霍夫妻共同财产或者伪造夫妻共同债务等严重损害夫妻共同财产利益的行为；（二）一方负有法定扶养义务的人患重大疾病需要医治，另一方不同意支付相关医疗费用。在不损害债权人利益的前提下，如果一方存在上述两种情形之一的，另一方可以要求在婚姻存续期间分割夫妻共同财产。在这个案例中，张女士面临的情况属于第二种，也就是张女士的母亲属于张女士负有法定抚养义务的人，现在张女士的母亲身患胃癌需要医治，吴先生却不同意支付相关医疗费用，那么张女士在不离婚的情况下，也可以起诉要求分割夫妻共同财产。

**2. 婚内分割夫妻共同财产是否有范围限制？张女士是仅可以要求分割存款，还是可以要求分割全部的夫妻共同财产？**

答：对于这个问题我国法律还没有明确规定，一般情况下，法院审判的原则是不告不理。如果张女士只要求分割存款，那么对于其他夫妻共同财产，法院是不会主动列入分割范围的。

**3. 如果张女士只要求分割存款，可以分到多少？**

答：按照目前的情况，如果张女士只要求分割存款的话，恐怕只能分得7.5万元。原因是虽然张女士与吴先生原先有20万元的存款，但由于吴先生的父亲生病，他们支出了5万元，这5万元的支出属于夫妻共同支出，法院在审理时，一般只分割夫妻共同存款的余额，已经合理支出的是没有办法分割的。所以张女士与吴先生目前的夫妻共同存款只有15万元，张女士可以分得7.5万元。

《中华人民共和国老年人权益保障法》明确规定，赡养人应当履行对老年人经济上供养、生活上照料和精神上慰藉的义务，照顾老年人的特殊需要。赡养人的配偶应当协助赡养人履行赡养义务。所以无论是儿媳妇还是女婿，都有义务协助配偶赡养老人。像案例中的吴先生，只管赡养自己的父母，而不给岳母支付医疗费的行为是违反法律规定的，也是一种违背道德的封建思想。

《中华人民共和国民法典》

第一千零六十六条　婚姻关系存续期间，有下列情形之一的，夫妻一方可以向人民法院请求分割共同财产：

（一）一方有隐藏、转移、变卖、毁损、挥霍夫妻共同财产或者伪造夫妻共同债务等严重损害夫妻共同财产利益的行为；

（二）一方负有法定扶养义务的人患重大疾病需要医治，另一方不同意支付相关医疗费用。

《中华人民共和国老年人权益保障法》

第十三条　老年人养老以居家为基础，家庭成员应当尊重、关心和照料老年人。

第十四条　赡养人应当履行对老年人经济上供养、生活上照料和精神上慰藉的义务，照顾老年人的特殊需要。

赡养人是指老年人的子女以及其他依法负有赡养义务的人。

赡养人的配偶应当协助赡养人履行赡养义务。

第十五条　赡养人应当使患病的老年人及时得到治疗和护理；对经济困难的老年人，应当提供医疗费用。

对生活不能自理的老年人，赡养人应当承担照料责任；不能亲自照料的，可以按照老年人的意愿委托他人或者养老机构等照料。

## “AA 制”的困惑

陈雪华和段波彼此都工作稳定，收入较高，作为大龄剩男剩女，两人通过相亲认识，后又在双方家长的催促下草率结婚。因为感情不是太深，双方说好婚后财产“AA 制”，并签订了书面协议，约定婚前及婚后各自的财产归

各自所有。可是突然有一天，陈雪华收到了法院的快递，她感到莫名其妙，打开快递一看，是一个叫金俊的人要求自己和丈夫共同偿还借款 10 万元的相关诉讼文书。陈雪华顿时一头雾水，自己从来都不认识金俊，更没有向他借过钱。于是，陈雪华立马打电话给段波。经过段波的解释，陈雪华得知：一年前，段波的父亲生病需要20 万元手术费，段波手头钱不够，但又不好意思向陈雪华开口借钱，于是向朋友金俊借了 10 万元。后来金俊多次找段波要钱，但段波一时半会儿也凑不到那么多钱，于是和金俊发生了一些不愉快的事情，金俊一气之下就将段波夫妇起诉到了法院。尽管段波一再表示这个事情陈雪华不用管，自己处理就可以，但陈雪华还是很担心。

## 温馨解答

**1. 在这个案例中，段波所借 10 万元是否是陈雪华和段波的夫妻共同债务？**

答：根据法律的规定，夫妻在婚姻存续期间为家庭日常生活需要所负的债务，属于夫妻共同债务，应当共同偿还。在这个案例中，段波所借 10 万元用于给自己的父亲治病，是典型的夫妻共同债务。

**2. 如果陈雪华拿出她和段波之间的“AA 制”协议，这个协议是否有效？如果有效，法院是否会判令陈雪华也承担还款责任？**

答：根据法律的规定，夫妻可以约定婚姻关系存续期间所得的财产以及婚前财产归各自所有，这一约定对夫妻双方具有约束力。如果在婚姻关系存续期间，夫或妻一方向第三人借债，第三人知道该约定的，那么所借债务由借债的一方以其个人所有的财产清偿。

在这个案例中，陈雪华和段波在婚前签署了财产协议，以书面的形式约定婚姻关系存续期间所得财产以及婚前财产归各自所有，共同家庭支出由双方平均分担。该协议是双方的真实意思表示，在形式和内容上均符合法律的规定，是有效的，对陈雪华和段波均有约束力。

在这种情况下，法院究竟是否会判令陈雪华承担还款责任，主要看金俊对陈雪华和段波之间的“AA 制”约定是否知情。如果金俊知道段波和陈雪华之间有这份协议的存在，那么最后借款只能由段波一个人来偿还；如果金俊不知道这份协议的存在，那么借款应由陈雪华和段波共同偿还。

**3. 关于金俊是否知道“AA 制”协议的存在，该如何判断？**

答：如果陈雪华以金俊知道她和段波之间的“AA 制”协议进行抗辩，那么陈雪华需要提供证据证明。如果陈雪华不能证明，那么陈雪华很可能要承担共同还款责任。陈雪华承担责任之后，可以根据她和段波之间的“AA 制”协议向段波进行追偿。

## 律师点评

在婚姻家庭关系当中，夫妻可以约定财产归各自所有，但应当采取书面形式。这种约定的效力分为对内效力和对外效力。对内效力指的是对夫妻双方内部之间具有约束力，双方按照约定对各自的财产享有所有权和支配权，各自的债务也应当由各自承担；对外效力是指，只有夫妻以外的第三人知道有该约定的存在，这种约定才会对第三人产生效力。尽管实践中确实很难证明第三人是否知道夫妻之间的这种约定，但这样的规定还是很有必要的。一方面，法律之所以这么规定，主要考虑的是要保障第三人的利益，维护交易安全；另一方面，实践中确实存在通过离婚来逃避债务的现象。另外，一方为另一方承担了还款责任后，可以依据两人之间的“AA 制”协议向另一方追偿。

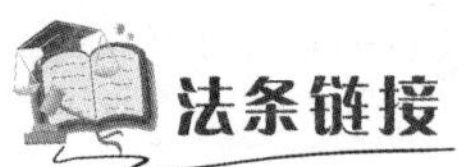

## 法条链接

**《中华人民共和国民法典》**

第一千零六十五条　男女双方可以约定婚姻关系存续期间所得的财产以及婚前财产归各自所有、共同所有或者部分各自所有、部分共同所有。约定应当采用书面形式。没有约定或者约定不明确的，适用本法第一千零六十二条、第一千零六十三条的规定。

夫妻对婚姻关系存续期间所得的财产以及婚前财产的约定，对双方具有法律约束力。

夫妻对婚姻关系存续期间所得的财产约定归各自所有，夫或者妻一方对外所负的债务，相对人知道该约定的，以夫或者妻一方的个人财产清偿。

## 黄昏恋的哀伤

### 案情简介

62 岁的刘凤珍 5 年前老伴过世，膝下的一儿一女现都已成家。老伴过世后，刘凤珍自己单独生活。虽然儿子、女儿时常过来看她，但是，儿女们毕竟有自己的家需要照顾，不能每天陪着她。面对着空荡荡的老房子，刘凤珍一个人经常会感到孤独，没有人可以陪着她说说话，日子过得冷清，生活也少了许多乐趣。于是，刘凤珍决定再找个老伴。当她将这一想法告诉儿女们时，儿子、女儿坚决不同意，认为这样会增加他们的负担，而且今后在财产继承问题上也会出现纠纷。刘凤珍陷入了两难的境地。刘凤珍多次给儿女们做工作，儿女们始终不同意，不仅如此，儿女们来家里看望她的次数也渐渐少了。刘凤珍觉得儿女们不让自己再婚已经不对，现在连平常的照料都少了，更是不对。她想要再婚找个老伴照顾自己的想法愈加强烈了。

### 温馨解答

**1. 子女有权干涉父母再婚的事情吗？**

答：根据我国法律的规定，老年人的婚姻自由受法律保护。子女或者其他亲属不得干涉老年人离婚、再婚及婚后的生活。因此在这个案例中，无论以什么理由，刘凤珍的子女都不能干涉刘凤珍再婚。

**2. 子女能否因为父母再婚而拒绝赡养父母？**

答：不能。子女对父母的赡养义务是法定的，不能以任何理由拒绝。在这个案例中，刘凤珍老人选择再婚，一方面能够减轻儿女们的负担；另一方面，也可以让她的晚年生活不再孤单。而刘凤珍的子女不仅没有考虑到母亲想要再婚的原因，反而以母亲想要再婚为由减少探望照顾的次数，违背了子女应当赡养照顾老人的法定义务。

**3. 在现实生活中，再婚老年人的子女所担心的财产继承问题也确实时常发生，想要再婚的老年人应该怎么应对呢？**

答：老年人再婚时必须处理好家庭财产问题和儿女的赡养问题。对于财产问题，如果老年人去做一个婚前财产公证，说明再婚不影响各自子女对财产的继承，那么，无论是他们还是子女，都没有了后顾之忧，有情人自然不难成眷属。因此，建议老年人再婚时，对于双方的婚前财产以及婚后的财产通过婚前财产公证来确定财产的归属。对于赡养问题，根据法律的规定，继父或继母和受其抚养教育的继子女间的权利和义务，适用民法典对父母子女关系的有关规定。因老年人再婚后，双方子女一般都已长大成人，相互之间不会形成抚养关系，因此，其儿女不用担心父或母再婚会增加赡养负担。当然，如果关系相处融洽，继子女愿意赡养继父母，法律也是不禁止的。

**律师点评**

不少老年人丧偶后想再找个老伴，相互搀扶走完余生，可子女们的反对使得很多老年人对再婚问题望而却步。随着我国进入老年化社会，这一问题急需引起子女的重视。其实，再婚是单身老年人的固有权利，不应该受到限制和责难。老年人同样需要感情、心灵上的慰藉。一般情况下，丧偶老人的子女大多已成家立业，也不与老人住在一起，因而不可能很贴心地照顾老人，尤其是不能给老人带来精神上的满足与快乐。即使住在一起，由于工作繁忙和思想代沟的存在，也难做到尽情交流，这自然会使老人感到寂寞、冷清，缺少爱的温情。所以，支持老年人再婚，同样是子女孝心的一种体现。子女们应善待老人，正确对待要求再婚的父亲或母亲，对他们多一分理解，并有责任和义务提供一些必要的帮助。同时，律师在此郑重提醒大家，赡养老年人不仅仅是在经济上提供帮助，同时也需要在精神上对老年人进行照顾，让老年人真正感受到子女的关爱。

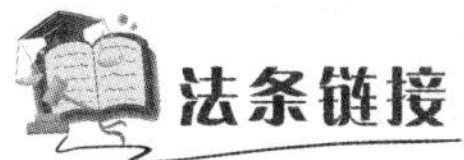


**《中华人民共和国民法典》**

第一千零六十九条　子女应当尊重父母的婚姻权利，不得干涉父母离婚、再婚以及婚后的生活。子女对父母的赡养义务，不因父母的婚姻关系变化而终止。

第一千零七十二条　继父母与继子女间，不得虐待或者歧视。

继父或者继母和受其抚养教育的继子女间的权利义务关系，适用本法关于父母子女关系的规定。

## 丈夫的情人

方春燕和丈夫李佳明于2010年登记结婚，婚后李佳明开始做生意，方春燕则负责在家里照顾老人、孩子。随着生意越做越大，李佳明意识到公司现在人员不足，遂发布了招聘信息。长相甜美、工作干练的吴玉沁被招进了李佳明的公司。李佳明对吴玉沁一见钟情，最终两人发展成“光明正大”的婚外情。李佳明对吴玉沁关爱有加，不仅如此，他希望吴玉沁能为自己生一个儿子。为了让吴玉沁安心，李佳明还为其购买了房产。方春燕得知自己的丈夫为婚外情人出巨资购买房产后，以李佳明私自将夫妻共同财产赠与他人为由，要求法院判决赠与无效，并要求吴玉沁返还由李佳明出资购买的房产。

### 温馨解答

1. 方春燕能否要求吴玉沁返还财产？

答：方春燕有权要求吴玉沁返还财产。理由：在夫妻关系存续期间，如无特别约定，婚内财产应当为夫妻共同所有。因此，对于夫妻共同财产，夫妻双方享有平等的处分权。对于数额较大的财产处分，夫妻双方应当经协商一致后共同决定。本案中，购买房产的行为是对涉及较大数额的夫妻共同财产的处分，应当经夫妻双方协商一致同意后做出决定，但李佳明未经妻子方春燕的同意，擅自用夫妻共同财产为婚外情人购买房产，显然损害了方春燕的权益。因此，李佳明赠与房屋的行为无效，方春燕有权要求吴玉沁进行返还。

**2. 方春燕应当以何种理由起诉吴玉沁返还财产呢？**

**答：**由于李佳明婚内赠与婚外情人吴玉沁房子的行为无效，因此，吴玉沁接受此房产的赠与缺乏法律依据。另外，李佳明这种婚内赠与婚外情人房产的行为严重违反公序良俗，违背民法典规定的夫妻间互负忠诚的义务。故吴玉沁接受李佳明的房产赠与属于不当得利。方春燕起诉后，吴玉沁应当依法返还。

当今社会，有不少所谓“成功男人”有着婚内、婚外两种生活，在拥有结发妻子的同时也在发展着自己的婚外情。他们或隐瞒妻子在外生育孩子，或拿着夫妻共同财产为婚外情人购置房产、豪车，婚外生活不亦乐乎。原配不仅会因此遭受精神打击，还可能会陷入人财两空的窘境。面对所谓丈夫的“无偿赠与”，原配妻子并非束手无策。律师在此提醒广大女性，如发现自己的丈夫有出轨行为，并且为婚外情人支付巨额财产，要勇于拿起法律的武器维护自己的合法权益，尽可能避免出现人财两空的局面。

**《中华人民共和国民法典》**

第一千零六十条　夫妻一方因家庭日常生活需要而实施的民事法律行为，对夫妻双方发生效力，但是夫妻一方与相对人另有约定的除外。

夫妻之间对一方可以实施的民事法律行为范围的限制，不得对抗善意相对人。

第一千零六十二条　夫妻在婚姻关系存续期间所得的下列财产，为夫妻的共同财产，归夫妻共同所有：

（一）工资、奖金、劳务报酬；

（二）生产、经营、投资的收益；

（三）知识产权的收益；

（四）继承或者受赠的财产，但是本法第一千零六十三条第三项规定的除外；

（五）其他应当归共同所有的财产。

夫妻对共同财产，有平等的处理权。

# 第三节　离　婚

## 消失的财产

2014 年，朱育玲与个体户张宁国结婚，次年生育一子。后张宁国因生意红火，应酬增多，结识另一年轻女子。张宁国很快与她建立了情人关系，经常夜不归宿，并在外与她同居。朱育玲知道此事后，与张宁国大吵一架，见张宁国无心悔改，便提出离婚。没承想，张宁国随即答应，并将房产、银行存款 10 万元及公司股权的对价 10 万元都留给朱育玲，孩子由朱育玲抚养，他每月支付 1000 元抚养费。朱育玲见张宁国如此决绝，也无心纠缠，两人迅速协议离婚。离婚后，朱育玲独自抚养孩子。孩子逐渐长大，花销也不断增长，朱育玲越来越力不从心。2019 年春，已经离婚两年的朱育玲偶然得知，早在她和张宁国离婚半年前张宁国的公司就已经拥有上千万的资产。感觉被前夫欺骗的朱育玲想要追回应该属于自己的那部分财产，但不知该如何处理。

### 温馨解答

朱育玲离婚时对于丈夫的财产状况并不知情，现在她还能主张这部分权利吗？

答：根据法律规定，离婚后，发现对方有隐藏、转移、变卖、毁损夫妻共同财产，或伪造债务企图侵占另一方财产的，可以向人民法院提起诉讼，

请求再次分割夫妻共同财产。案例中，张宁国存在对夫妻共同财产的隐藏行为，所以朱育玲可以在离婚后要求法院重新对隐匿财产进行分配。

## 律师点评

案例中的情形其实还是比较常见的。很多女性当事人面临离婚时，对于男方的财产状况一无所知，使得权益很难得到保障。在这里律师首先要说的就是关于夫妻财产知情权的问题。所谓夫妻财产知情权，就是指在婚姻存续期间，双方均有权了解配偶的财产状况和家庭企业的经营状况，从而保障自身的合法权益。不管是从法律上还是情理上来讲，夫妻相互了解彼此的经济状况尤其是共有的财产状况，是夫妻之间共同生活、经营家庭必不可少的环节；让对方了解自己的财产状况也是对彼此的一份最起码的信任与尊重。否则，再稳固的夫妻关系也很难维系。除非双方事前关于这个问题都达成了共识，约定了财产“AA 制”等。

## 法条链接

**《中华人民共和国民法典》**

第一千零九十二条　夫妻一方隐藏、转移、变卖、毁损、挥霍夫妻共同财产，或者伪造夫妻共同债务企图侵占另一方财产的，在离婚分割夫妻共同财产时，对该方可以少分或者不分。离婚后，另一方发现有上述行为的，可以向人民法院提起诉讼，请求再次分割夫妻共同财产。

**《最高人民法院关于适用〈中华人民共和国民法典〉婚姻家庭编的司法解释（一）》**

第八十四条　当事人依据民法典第一千零九十二条的规定向人民法院提起诉讼，请求再次分割夫妻共同财产的诉讼时效期间为三年，从当事人发现之日起计算。

# 不堪重负的婚姻

33 岁的刘方凤在某事业单位上班，于 2016 年经人介绍认识了现在的老公周恒顺，两人一见钟情，很快就领了结婚证。周恒顺是一家外企的销售专员，一次单位安排其出差，他在回来的路上发生车祸，经鉴定为三级伤残，事故发生后跟肇事方调解获赔 25 万元。这场意外之后，周恒顺下肢完全瘫痪。见自己失去劳动能力，家里的生活每况愈下，周恒顺看在眼里急在心里，脾气也变得越来越不好，动辄就对刘方凤破口大骂，还经常摔东西。刘方凤除了要照顾老公，还要抚养孩子，忍受了很大的委屈。面对生存的巨大压力，刘方凤越来越不堪重负了，逆来顺受的她在长期忍耐之后动了离婚的念头。

**1. 夫妻一方瘫痪在床，另一方可以要求离婚吗？**

答：可以。我国法律主张婚姻自由，包括结婚的自由，也包括离婚的自由。如果夫妻感情破裂，夫妻双方可以协议离婚，到民政部门办理离婚手续；协议离婚不成，还可以向法院起诉。法院在认定夫妻感情确已破裂的情况下，可以判决离婚。在这个案例中，周恒顺瘫痪在床，生活上不能照顾自己，法院在判决时也会考虑周恒顺在离婚后能否受到妥善的安排这一因素。夫妻感情破裂只是法院判决离婚的一个条件，考虑到周恒顺的特殊情况，法院一般更倾向于给他们二人进行调解，指导双方改变沟通方式，增强相互之间的理解、体谅，重新修复感情，以不离婚为宜。

**2. 如果离婚，对于周恒顺因交通事故获赔的 25 万元赔偿款，刘方凤在离婚时可以要求分割吗？**

答：根据《中华人民共和国民法典》的规定，夫妻一方因身体受到伤害所获得的医疗费、残疾人生活补助费等费用属于夫妻一方的个人财产，因此，周恒顺因为交通事故所获得的赔偿款属于周恒顺的个人财产，在离婚时不能作为夫妻共同财产分割。

案例中，遭遇工伤导致残疾的周恒顺是不幸的，因为交通事故他失去了劳动能力。但同时周恒顺也是幸运的，在他瘫痪在床的情况下，妻子对他不离不弃。原本双方应该彼此更加珍惜对方，但也许是无法再劳动的现状让周恒顺对生活失去了信心，他越来越坏的脾气令妻子刘方凤无法忍受，最终妻子动了离婚的念头。夫妻本是同林鸟，在遭遇不幸时，更应当相互扶持，共同面对，而不应该因为暂时的困难而选择放弃。

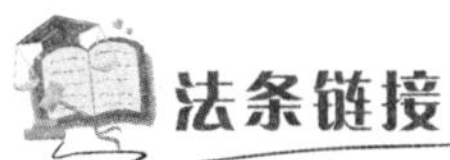

**《中华人民共和国民法典》**

第一千零六十三条　下列财产为夫妻一方的个人财产：

（一）一方的婚前财产；

（二）一方因受到人身损害获得的赔偿或者补偿；

（三）遗嘱或者赠与合同中确定只归一方的财产；

（四）一方专用的生活用品；

（五）其他应当归一方的财产。

## 谁为借腹生子负责

夏冬洁与霍钢于2006年结婚，婚后10余年，由于夏冬洁患有不孕症，两人一直没有孩子。夏冬洁多次提出去福利院领养一个孩子的想法，而霍钢一直认为领养的不如亲生的好。2017年11月，霍钢与女下属秦雨发生不正当关系导致对方怀孕。后来，秦雨将孩子生了下来。夏冬洁知道后大吵大闹，可是吵闹过后，问题还得解决。最后，经过霍钢的反复劝说，夏冬洁同意把孩子抱回家中抚养，但前提是霍钢必须保证不再和秦雨往来。这件事过去之后，夏冬洁一家三口过了一段平静的日子。然而2020年年初，秦雨找到夏冬洁夫妇，要求他们支付10万元的“借腹生子费”，否则便要把孩子要回去。为了息事宁人，霍钢同意支付，而夏冬洁却断然拒绝。无奈之下，霍钢偷偷向亲戚朋友借了10万元给了秦雨。然而纸是包不住火的，夏冬洁最终还是知道了这件事情，并且提出离婚，要求孩子自己抚养。霍钢同意离婚，但同样也要争取孩子的抚养权，而且还要求夏冬洁支付抚养费，另外，还要求夏冬洁共同承担10万元“借腹生子费”的夫妻共同债务。双方僵持不下，夏冬洁诉至法院。

## 温馨解答

**1. 案例中，这10万元的“借腹生子费”是否属于夫妻共同债务？夏冬洁是否应当承担一半？**

答：这10万元的“借腹生子费”不属于夫妻共同债务。夫妻共同债务，是指夫妻一方或双方在婚姻关系存续期间为维持婚姻家庭共同生活，或者为共同生产、经营活动所负的债务。由此可见，夫妻共同债务必须满足两个基本特征，一是产生于双方婚姻关系存续期间，即双方结婚之日起至离婚时止；二是用于夫妻共同生活或共同生产、经营活动，包括为履行抚养、赡养义务等。霍钢与秦雨发生不正当关系并且生下孩子，这本身就是对夏冬洁的一种伤害，可见霍钢的行为有违公序良俗。案例中，这10万元的“借腹生子费”显然不是为了霍钢与夏冬洁的共同生活所必须支出的，不属于夫妻共同债务，夏冬洁无须承担这笔费用。

另外，我国法律没有“借腹生子费”这一概念，秦雨要求的这10万元所谓的“借腹生子费”本来就是没有任何法律依据的。而且根据《中华人民共和国民法典》的规定，夫或妻非因日常生活需要对夫妻共同财产做出重要处理决定的，双方应平等协商，取得一致意见。在这个案例中，霍钢在未征得夏冬洁同意的情况下便擅自借款支付了这笔相对较大的费用，实际上是霍钢出于对秦雨的愧疚，在为自己的过错买单，那么相关借款就应当由霍钢自行承担，霍钢无权要求夏冬洁分担这笔费用。

**2. 夏冬洁和霍钢离婚后，孩子应当由谁抚养？夏冬洁拒绝承担“借腹生子费”却要求取得孩子抚养权的主张是否合理？**

答：根据《中华人民共和国民法典》的规定，案例中的这个孩子是霍钢与秦雨的非婚生子，霍钢与秦雨才是孩子的亲生父母。因此，如果夏冬洁与霍钢离婚，原则上孩子应当由霍钢来抚养。但这和是否承担“借腹生子费”没有关系。“借腹生子费”的承担属于离婚时债务处理的范畴，而孩子由谁抚养，属于子女抚养权归属的范畴。所以，孩子归谁抚养和债务承担没有必然的联系。

**3. 如果霍钢取得孩子的抚养权，能否要求夏冬洁支付抚养费呢？**

答：霍钢不能要求夏冬洁支付抚养费。因为案例中的这个孩子是霍钢与秦雨的非婚生子，夏冬洁一开始同意将其抱回家抚养，只是为了维护家庭，现在夏冬洁要和霍钢离婚了，这个孩子就跟夏冬洁没有关系了。霍钢取得孩子的抚养权后，可以要求孩子的亲生母亲也就是秦雨支付抚养费，而没有权利要求夏冬洁支付抚养费。

夫妻共同债务的偿还以及父母子女关系的明晰是婚姻家庭法律关系的重要内容。本案的特殊之处在于，丈夫霍钢因为妻子夏冬洁的不孕转而寻找她人生育孩子。本就有错在先的霍钢不仅没有认识到自己婚内找他人生孩子这一错误的严重性，而且为了得到孩子，霍钢居然偷偷支付了10万元所谓的“借腹生子费”。但是这10万元不是为了夫妻共同生活所必须支出的。所以，无论从法理还是情理上来看，这10万元都不能算作是夫妻共同债务。另外，夏冬洁未曾就这个孩子办理过相关的收养手续，在现在的状态下，她与这个孩子不存在父母子女关系，她主张抚养孩子恐无法得到支持。

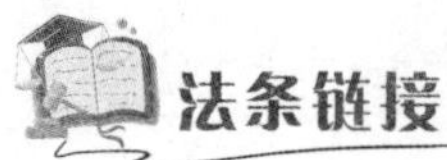

**《中华人民共和国民法典》**

第一千零六十四条　夫妻双方共同签名或者夫妻一方事后追认等共同意思表示所负的债务，以及夫妻一方在婚姻关系存续期间以个人名义为家庭日常生活需要所负的债务，属于夫妻共同债务。

夫妻一方在婚姻关系存续期间以个人名义超出家庭日常生活需要所负的债务，不属于夫妻共同债务；但是，债权人能够证明该债务用于夫妻共同生活、共同生产经营或者基于夫妻双方共同意思表示的除外。

第一千零七十一条　非婚生子女享有与婚生子女同等的权利，任何组织或者个人不得加以危害和歧视。

不直接抚养非婚生子女的生父或者生母，应当负担未成年子女或者不能独立生活的成年子女的抚养费。

## 离婚后，物业费花落谁家

陈婷于2016年和丈夫魏千帆协议离婚。在离婚协议中，双方约定：两人名下共有的房屋归魏千帆所有，魏千帆向陈婷支付30万元对价款。离婚后，魏千帆按照约定将30万元支付给陈婷，陈婷搬离了房屋。但由于种种原因，两人一直没有到房管部门将房产证变更登记为魏千帆一个人的名字。2019年4月，陈婷突然收到法院的传票。一看诉状，陈婷才明白，原来当初分给前夫魏千帆的那套房子魏千帆长期未交物业费，所以物业公司将前夫和她起诉到法院了。陈婷赶紧联系魏千帆，但电话打不通，家里也没人，一直没有联系上。陈婷认为，自己和魏千帆离婚的时候已经把房子都给了魏千帆，后期所产生的物业费等费用应当由魏千帆来承担，物业公司不应该把自己也起诉了。

**1. 陈婷究竟应不应该承担交纳物业费的责任呢?**

答：根据这个案例的情况，陈婷是应该承担交纳物业费的责任的。我国《物业管理条例》规定，房屋的所有权人是业主，业主应当根据物业服务合同的约定交纳物业服务费用。由此可以看出，只要是房屋所有权人，就有义务交纳物业费。在这个案例中，房屋房产证上写的是陈婷和前夫魏千帆两个人的名字，虽然他们离婚的时候约定这个房子归魏千帆一个人所有，但并没有到房管部门办理变更登记。对于共有房屋物业费的承担，我国法律明确规定，有约定的，按照约定；没有约定或者约定不明确的，共有人共同负担。因此，在房产证变更登记为魏千帆一个人的名字之前，陈婷有义务承担房屋的物业费。

**2. 如果陈婷应当交纳物业费，她该承担多少责任呢?**

答：物业公司有权利要求陈婷承担全部的物业费用。因为目前来说，陈婷和魏千帆对这个房子在法律上还是一个共同共有的关系，没办法分清份额，所以相应的物业费也没办法分清份额。

**3. 陈婷已经不在案例中所述房子里居住，替前夫承担的物业费能否向前夫追偿?**

答：虽然对外在物业公司那里，陈婷和魏千帆是房子的共有权人，但对内在陈婷和魏千帆之间，这套房子已经是魏千帆一个人的了，双方也有离婚协议可以证明，所以即便将来陈婷真的承担了物业费，也可以向魏千帆追偿这笔款项。

在离婚案件中，律师提醒大家，如果两个人离婚了，财产也分割完毕了，那么对于相关的权利证书一定要去有关部门办理变更登记，尤其是房产等大额财产。若变更不及时，在这期间出了问题，那么权利证书上登记的人都有可能被要求承担责任。夫妻双方离婚以后，要尽量各自处理好各自的事情，尽可能避免给前夫或者前妻再带来一些不必要的麻烦，以保证双方都能平静地过好离婚以后的生活。

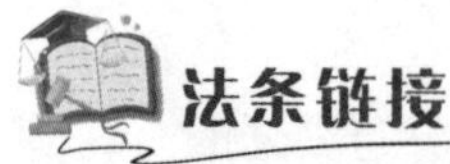

**《物业管理条例》**

第六条第一款　房屋的所有权人为业主。

第七条　业主在物业管理活动中，履行下列义务：

（五）按时交纳物业服务费用；

**《中华人民共和国民法典》**

第三百条　共有人按照约定管理共有的不动产或者动产；没有约定或者约定不明确的，各共有人都有管理的权利和义务。

第三百零二条　共有人对共有物的管理费用以及其他负担，有约定的，按照其约定；没有约定或者约定不明确的，按份共有人按照其份额负担，共同共有人共同负担。

## 前妻的生活费

辛婷婷与葛满辉原系夫妻，2017 年 8 月，双方到民政部门办理了离婚登记，在离婚协议中双方约定：双方无子女，婚后共同所有的价值 120 万元的房屋和价值 12 万元的车辆归辛婷婷所有，50 万元存款归葛满辉所有。离婚后，辛婷婷一直没找工作，经常找葛满辉索要生活费。葛满辉顾及曾经的夫妻感情，于是每月都会给辛婷婷 2000 元作为生活费。一年后，葛满辉因投资失败，经济拮据，遂停止向辛婷婷支付生活费，并且要求辛婷婷返还之前其支付给她的生活费。辛婷婷认为她和葛满辉在一起生活时，自己为了这个家放弃了事业，导致现在一直也找不到合适的工作，生活困难，自己不仅不应当返还之前的生活费，葛满辉还应当继续向自己支付生活费。双方因此发生了纠纷。

**1. 离婚后，一方对另一方是否也有义务支付一定的生活费？**

答：离婚后原婚姻一方对另一方没有给付生活费的义务。虽然《中华人民共和国民法典》规定，离婚时，如果一方生活困难，有负担能力的另一方应当给予适当帮助。但这里强调的是“离婚时”，对离婚后给付生活费的问题，法律并没有进行规定，所以离婚后原婚姻一方对另一方没有给付生活费的义务。

**2. 案例中，葛满辉在离婚后向前妻辛婷婷支付的生活费该如何定性？**

答：由于离婚后原婚姻一方对另一方没有给付生活费的义务，因此，葛满辉离婚后每月向辛婷婷支付 2000 元生活费的行为可视为是一种无偿赠与。

**3. 葛满辉现在陷入经济拮据的状况，可以停止支付生活费吗？**

答：可以。在这个案例中，依据双方的离婚协议，辛婷婷已经分得了价值 120 万元的房屋和 12 万元的车辆，而葛满辉只分得了 50 万元的存款，因此在双方离婚时，葛满辉已经在财产分割方面做出了很大的让步。辛婷婷分得的财产已经足以使其维持个人生活。而根据我国法律规定，“离婚时，一方生活困难”，指的是依个人财产和离婚时分得的财产无法维持当地基本生活水平。显然，辛婷婷的情况并不符合这一规定。辛婷婷找不到合适的工作只是一时的，作为一个具有完全民事行为能力的成年人，辛婷婷是可以通过自己的双手来解决个人生活问题的。因此，葛满辉无须再向辛婷婷支付生活费。

**4. 对于之前已经支付的生活费，葛满辉可以要求辛婷婷返还吗？**

答：对于葛满辉要求返还之前已经支付的生活费，这在法律上属于撤销赠与。对于赠与的撤销，根据法律的规定，未经公证的，不具有慈善、扶贫等社会公益和道德义务性质的赠与，赠与人享有任意撤销权，但撤销的前提是财产权利未转移。在这个案例中，葛满辉已经向辛婷婷支付的生活费，由于财产权利已经转移，葛满辉不能要求撤销，也就是不能要求辛婷婷返还。

## 律师点评

在我国，由于各种原因，男女之间的经济收入仍有一定的差距。离婚时，生活困难的一方往往是女方。因此，规定一方给予另一方适当的经济帮助，有利于消除妇女在离婚问题上的顾虑，有利于保障离婚自由，同时也有利于防止离婚后造成不良社会后果。

但需要注意的是，离婚时，一方生活困难，另一方给予适当的经济帮助，与夫妻关系存续期间的互相扶养义务是不同的。夫妻关系存续期间，其互相扶养的义务是无条件的。夫妻离婚后，其人身关系和权利义务关系随离婚而消失，一方对另一方提供经济帮助是有条件的。这种条件包括：第一，离婚时，一方依个人财产和离婚时分得的财产无法维持当地基本生活水平；第二，一方离婚后没有住处的，属于生活困难；第三，一方生活困难是在离婚时已经存在的生活困难，不是指离婚后任何时候发生困难都可以请求帮助；第四，另一方有负担能力，这种帮助仅限于力所能及的程度。

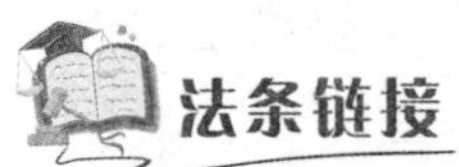

## 法条链接

**《中华人民共和国民法典》**

第一千零九十条　离婚时，如果一方生活困难，有负担能力的另一方应当给予适当帮助。具体办法由双方协议；协议不成的，由人民法院判决。

# 反悔的协议

## 案情简介

2014 年 3 月，朱女士与丈夫贾先生因感情不和决定离婚。两人婚后生育了一个女儿，已经 12 周岁。根据孩子的意愿，朱女士和贾先生均同意孩子以后由朱女士抚养，贾先生每个月支付 500 元抚养费。但在涉及财产问题时，

朱女士和贾先生产生了严重的分歧，尤其是对于双方婚后购买的房子，两个人都想要。就这样，房子的问题谈不拢，两个人离婚的事情也就僵持了下来。过了一段时间以后，贾先生认识了一位女士，想要和这位女士结婚，可他和朱女士的婚姻还没有解除，原因还在于那套房子，这可急坏了贾先生。于是，着急离婚的贾先生想出了一个折中的办法，那就是将房子给女儿，他和朱女士谁也别要。这样一来，房子还是自己家的，给不了外人。朱女士也觉得这样比较公平，于是同意这一提议。就这样，两人到婚姻登记部门办理了离婚手续，并在离婚协议上写明：双方一致同意离婚，夫妻共同所有的一处房产归12岁的女儿所有，女儿由朱女士抚养，贾先生每个月支付500元抚养费。该协议在双方签字后在婚姻登记部门备案了一份。

离婚后，朱女士听朋友说，如果把房子给了女儿的话，还需要去房管部门过户。于是，朱女士找到贾先生，要求贾先生和自己一起去房管部门将房子过户给孩子。一开始贾先生称孩子还太小，等到孩子满18周岁再过户，但被朱女士多次催促后，贾先生终于说了实话，他后悔签当初的离婚协议了，他认为房子给了孩子，孩子跟着朱女士，现在她们娘俩住着房子，自己却在外租房子住，不公平，所以想要撤销离婚协议中把房子赠与女儿的条款。朱女士多次找贾先生理论，但贾先生的态度依然非常坚决。

**1. 案例中的贾先生可以撤销离婚协议中对女儿的房产赠与吗？**

答：虽然《中华人民共和国民法典》明确规定，赠与人在赠与财产的权利转移之前可以撤销赠与，这在法律上称为赠与的任意撤销权，但该条也同样规定，具有救灾、扶贫等社会公益、道德义务性质的赠与合同或者经过公证的赠与合同，不适用任意撤销权。

离婚协议中的房产赠与条款便属于一种道德性质的赠与。同时它还是一种发生在特定身份关系当事人之间的、以解除双方身份关系为目的的赠与行为。它与整个离婚协议是一个整体，在双方婚姻关系因登记离婚而解除的情况下，应认为赠与房产的目的已经实现，故赠与房产条款不能随意撤销。

因此，在这个案例中，贾先生不能随意撤销离婚协议中对女儿的房产赠与。

**2. 离婚协议中的内容是否一经登记离婚便不能再反悔？**

答：一般情况下不能反悔，但如果一方确实反悔了，想要变更协议内容，那么可以在离婚后向法院起诉。法院受理后经审查，如果发现订立协议时一方存在欺诈、胁迫等情形，法院是可以变更或者撤销该协议的；相反，如果发现在订立协议时没有存在欺诈、胁迫等情形的，法院就会驳回起诉一方的诉讼请求。

**3. 案例中，朱女士的女儿才 12 周岁，不满 18 周岁的未成年人可以成为房子的所有权人吗？**

答：这个问题需要具体问题具体分析。对于赠与和继承的房屋，因未成年人是受益人，不需要付出相应的义务，因此是可以成为房屋的所有权人的；如果未成年人要购买房屋，一次性付款的情况下是可以成为房屋的所有权人的，但必须要由他的法定代理人来代为办理相关购房手续；如果是办理银行按揭贷款购房，因未成年人不具备贷款主体资格，因此，在这种情况下就没有办法成为房屋所有人了。

**4. 如果案例中的贾先生执意不肯办理房产过户手续，朱女士和女儿该怎么办？**

答：贾先生和朱女士已经办理了离婚登记，他们的离婚协议已经生效了，如果贾先生不履行，朱女士可以向法院起诉，要求贾先生履行。但这里有一个问题需要注意：谁有权提起诉讼，是朱女士还是朱女士的女儿？虽然朱女士的女儿是离婚协议中赠与条款的受益人，但她不能作为原告向法院起诉，这并不是因为她是未成年人，而是因为作为受赠人的她，并不是离婚协议的当事人。她既不是离婚协议中的权利人，也不是民事义务的承受人，所以她是没有起诉资格的。能作为原告到法院起诉贾先生履行离婚协议的只能是朱女士。

## 律师点评

这是一起典型的夫妻签订离婚协议将房子赠与孩子，离婚后一方反悔的案例。对于类似的情况，社会各界争议很大，各有各的观点。有的人认为，按照相关法律的规定，只要房子没有办理过户手续，赠与人就可以行使任意撤销权；有的人认为，按照相关法律的规定，离婚协议不能随便反悔，除非有欺诈、胁迫等法定情形。对此，我们认为，离婚协议中的赠与条款与普通赠与协议不同，它是具有道德性质的一种赠与，不适用任意撤销权。且离婚协议涉及婚姻问题，应当优先适用民法典的相关规定。但鉴于在实践中大家对这一问题尚有争议，因此，律师在这里提醒大家，在离婚时，如果双方达成协议将房子过户给子女，一定要及时办理过户手续，以免将来一方反悔，发生不必要的纠纷。

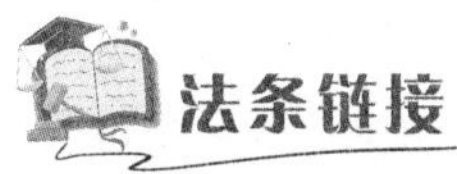

## 法条链接

**《中华人民共和国民法典》**

第六百五十八条　赠与人在赠与财产的权利转移之前可以撤销赠与。

经过公证的赠与合同或者依法不得撤销的具有救灾、扶贫、助残等公益、道德义务性质的赠与合同，不适用前款规定。

第六百五十九条　赠与的财产依法需要办理登记或者其他手续的，应当办理有关手续。

第六百六十条　经过公证的赠与合同或者依法不得撤销的具有救灾、扶贫、助残等公益、道德义务性质的赠与合同，赠与人不交付赠与财产的，受赠人可以请求交付。

依据前款规定应当交付的赠与财产因赠与人故意或者重大过失致使毁损、灭失的，赠与人应当承担赔偿责任。

**《最高人民法院关于适用〈中华人民共和国民法典〉婚姻家庭编的解释（一）》**

第七十条　夫妻双方协议离婚后就财产分割问题反悔，请求撤销财产分割协议的，人民法院应当受理。

人民法院审理后，未发现订立财产分割协议时存在欺诈、胁迫等情形的，应当依法驳回当事人的诉讼请求。

## “离婚冷静期”让你静一静

张华与夏丽是大学同学，两人经过4年大学生活的恋爱长跑，毕业后携手步入婚姻的殿堂。婚后初期两人尽情享受着婚姻的甜蜜，但渐渐地，当最初向往的生活慢慢变成柴米油盐的平淡日子时，许多生活的摩擦也此起彼伏。婚后第5年，因为工作压力的增加，加之张华对妻子疏于关心，夏丽觉得丈夫不再像以前那样爱她了。2020年秋，夏丽第一次向张华提出离婚。张华愕然，但面对妻子冷漠又坚决的态度，性格要强的张华最终接受妻子离婚的要求。经过几个月的协商，家人、朋友对双方劝和无果，两人相约2021年春节过后前往民政局办理离婚登记手续。

### 温馨解答

**1. 张华与夏丽去民政局办理离婚登记需要准备哪些材料？**

答：根据我国法律规定，办理离婚登记的内地居民应当出具下列证件和证明材料：（1）本人的户口簿、身份证；（2）本人的结婚证；（3）双方当事人共同签署的离婚协议书。张华和夏丽的离婚协议书中应当载明双方自愿离婚的意思表示和对子女抚养、财产以及债务处理等事项协商一致的意见。

**2. 张华与夏丽在2021年春节后前往民政局办理离婚登记的程序是怎样的？双方是否可以当场领取离婚证？**

答：张华、夏丽无法当场领取离婚证。《中华人民共和国民法典》于2021年1月1日正式实施。根据民法典关于“离婚冷静期”的相关规定，当事人双方自愿离婚的，到婚姻登记机关申请离婚，符合离婚条件的，暂时不发给离婚证，给予双方离婚冷静期三十日。自婚姻登记机关收到离婚登记申请之日三十日内，任何一方不愿意离婚的，可以向婚姻登记机关撤回离婚登记申请。冷静期满后三十日内，双方亲自到婚姻登记机关申请发给离婚证的，婚姻登记机关发给离婚证；双方未亲自到婚姻登记机关申请离婚证的，视为撤回离婚登记申请。

## 律师点评

离婚需冷静。现实社会中存在诸多闪婚、闪离的情况。到民政局协议离婚或去法院诉讼离婚的当事人，很多是因为一时激愤和冲动而做出离婚的决定。面对当今社会居高不下的离婚率，每一个家庭均应当珍惜来之不易的婚姻，常念来时之路，常怀感恩之心。夫妻之间要经常沟通，及时化解婚姻生活中的小矛盾、小摩擦，慎言“离婚”，共同努力维护婚姻家庭生活的稳定。

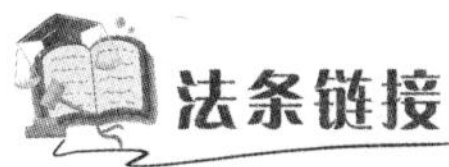

## 法条链接

**《中华人民共和国民法典》**

第一千零七十六条　夫妻双方自愿离婚的，应当签订书面离婚协议，并亲自到婚姻登记机关申请离婚登记。

离婚协议应当载明双方自愿离婚的意思表示和对子女抚养、财产以及债务处理等事项协商一致的意见。

第一千零七十七条　自婚姻登记机关收到离婚登记申请之日起三十日内，任何一方不愿意离婚的，可以向婚姻登记机关撤回离婚登记申请。

前款规定期限届满后三十日内，双方应当亲自到婚姻登记机关申请发给离婚证；未申请的，视为撤回离婚登记申请。

# 家务缠身的妻子与出轨的丈夫

## 案情简介

张倩与姜潮10年前登记结婚，婚后生育两个孩子。老公姜潮婚内创办了一家小公司，经过3年的打拼，公司渐渐走上正轨并开始盈利。为了事业有更好的发展，姜潮、张倩夫妻二人经过商量，过起了“男主外女主内”的生活。姜潮一心扑在事业上，几年以后，一方面公司做大做强，创收高了，家庭的生活质量也有了很大的改善；另一方面姜潮也变得越来越忙了，甚至有时候为了工作应酬彻夜不归，这让妻子张倩很是不安。十几年如一日，张倩在家照顾孩子、做家务，照顾姜潮的父母，把家庭打理得井井有条，但同时，多年不上班的张倩渐渐与社会脱节，偶尔与身在职场的朋友一起吃饭、聊天，也发现越来越没有共同话题了。一直觉得自己很幸福的张倩慢慢感受到一丝孤独。一天，张倩在老公洗澡时发现老公的手机在桌子上放着，有一种念头驱使她拿起老公的手机翻看了里面的内容。让张倩万万没想到的是，老公的手机里面有很多与陌生女子的亲密照片和微信聊天信息。发现老公出轨的张倩大闹了一场，双方到了离婚的边缘。

## 温馨解答

1. 姜潮出轨，应当承担怎样的法律责任？

答：《中华人民共和国民法典》规定，夫妻之间应当忠实，姜潮婚内出轨，其行为系对婚姻的背叛和不忠实，属于婚姻的过错方。但也要具体区分其过错的严重程度：若姜潮婚内与婚外异性结婚登记，则属于重婚，不仅违反民法典婚姻家庭编的规定，也触犯刑法，犯重婚罪，属于妻子张倩可以自诉的案件；若姜潮婚内与固定的某一婚外异性长期稳定地同居生活，属于婚内重大过错的行为，亦具有违法性；若姜潮婚内与不特定的婚外异性发生不正当婚外情关系、嫖娼等行为，给妻子张倩造成精神损害的，也属于法律规定的夫妻一方“有其他重大过错”的行为。以上过错行为导致夫妻感情破裂和离婚的，妻子张倩可以在离婚时向姜潮主张过错损害赔偿。

**2. 张倩十几年如一日地在家照顾老人、孩子，做家务，离婚后可能与社会脱节。如果离婚，张倩该如何维护自己的合法权益？**

答：根据《中华人民共和国民法典》的相关规定，夫妻一方因抚育子女、照顾老人负担较多义务的，离婚时有权向另一方请求补偿。本案中，如果因姜潮的出轨事件导致夫妻双方离婚，则张倩有权在离婚时要求姜潮给予家务劳动的补偿。具体补偿数额由双方协商，协商不成的，由法院判决。

## 律师点评

在很多“男主外女主内”的家庭里，妻子常年在家做全职太太，照顾老人、孩子，操持家务，丈夫则在外打拼挣钱忙事业。如果婚姻解体，夫妻二人由一个家庭经济共同体分裂成两个单独的个体，则多年在家从事家务的妻子将不得不独自面对社会的各项压力。而由于妻子一方多年未涉足职场，其职场竞争力也大大降低。因此，在“男主外女主内”的家庭里，夫妻双方离婚的情况下，妻子一方所承受的损失和面临的经济压力远远大于丈夫一方。但是，从家庭责任承担方面讲，从事家务劳动和在外打拼事业是具有同等价值的，两者的付出都是必要的，缺一不可。《中华人民共和国民法典》第一千零八十八条确认了家务劳动的价值，以及婚姻中家务劳动付出较多的一方可以请求经济补偿，该项法律规定很好地维护了家务劳动者，特别是婚姻中女性群体的合法权益。

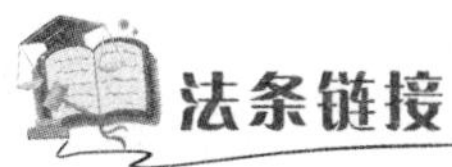

## 法条链接

**《中华人民共和国民法典》**

第一千零八十八条　夫妻一方因抚育子女、照料老年人、协助另一方工作等负担较多义务的，离婚时有权向另一方请求补偿，另一方应当给予补偿。具体办法由双方协议；协议不成的，由人民法院判决。

第一千零九十一条　有下列情形之一，导致离婚的，无过错方有权请求损害赔偿：

（一）重婚；

（二）与他人同居；

（三）实施家庭暴力；

（四）虐待、遗弃家庭成员；

（五）有其他重大过错。

# 第二章

## 家庭关系篇

# 第一节　夫妻关系

## 负债累累的“老好人”

郭勇与李芳结婚已经五年了，郭勇为人老实本分，对朋友仗义，是大家眼中的“老好人”。可是，这样一个老好人却着实让李芳烦恼，双方甚至走到了离婚的边缘。因为郭勇过于仗义，但凡朋友找其帮忙，郭勇无所不应。2017 年 11 月，朋友吴伟找到郭勇，说因欠高利贷无法偿还，已经被逼得走投无路，寻求郭勇的帮助。郭勇为防止朋友寻短见或做出其他极端的事情，在隐瞒妻子李芳的情况下，四处筹措款项 80 万元出借给吴伟。吴伟当场保证最多一年的时间，就会将所借款项全部偿还郭勇。可是，一年、两年、三年过去了，吴伟不仅没有还钱，还在欠了巨额款项后失去联系。郭勇的债权人陆续找上门来，要求郭勇和李芳偿还借款，并扬言诉至法院，查封、拍卖郭勇夫妻二人的房产。

### 温馨解答

**1. 案例中，债权人要求郭勇、李芳夫妻二人还款是否能获法院支持？**

答：郭勇隐瞒妻子李芳以其个人名义对外借款，款项用于资助朋友，并未用于家庭共同生活，该借款依法不属于郭勇、李芳的夫妻共同债务，属郭勇的个人债务。债权人要求郭勇配偶李芳承担共同还款责任的，法院不予支持。

**2. 债权人可否在案件执行阶段查封、拍卖郭勇、李芳婚后所购夫妻共同房产？**

答：案例中，郭勇个人所负债务应当由其个人财产偿还。因郭勇、李芳婚后所购房产依法属于双方夫妻共有财产，原则上可按照一人一半占有相应份额，故在郭勇无法偿还债务的情况下，债权人有权查封、拍卖郭勇夫妻双方的房产，并就郭勇所占份额范围内优先受偿。而李芳作为配偶一方和房屋的共有人，在拍卖中依法享有优先购买权。

**3. 如果郭勇、李芳离婚，双方债权债务应如何分割？**

答：如果郭勇、李芳二人因债务问题导致夫妻感情彻底破裂，在双方协商一致的情况下，可以到民政局协议离婚。对于婚姻关系存续期间郭勇所欠债务，依法由郭勇个人偿还；郭勇婚内擅自出借给朋友的款项，依法属于郭勇的个人债权，由郭勇个人享有，与郭勇配偶李芳无关。双方协议不成的，任何一方可以起诉至法院，通过诉讼的方式离婚，由法院对双方债权债务问题依法作出判决。

## 律师点评

经济和债务问题是导致夫妻感情破裂的一个重要因素。兄弟情义固然重要，但是仗义帮助他人也要在个人经济能力承受范围之内。若一味为了帮助他人而损害家庭利益，甚至不惜损害家庭财产和夫妻之间的关系，不仅不利于家庭的和睦稳定，还终将给个人造成损害。

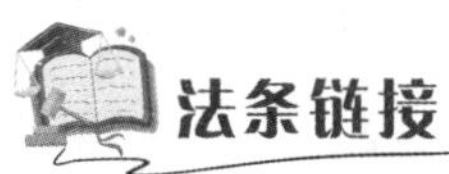

## 法条链接

**《中华人民共和国民法典》**

第一千零六十四条　夫妻双方共同签名或者夫妻一方事后追认等共同意思表示所负的债务，以及夫妻一方在婚姻关系存续期间以个人名义为家庭日常生活需要所负的债务，属于夫妻共同债务。

夫妻一方在婚姻关系存续期间以个人名义超出家庭日常生活需要所负的债务，不属于夫妻共同债务；但是，债权人能够证明该债务用于夫妻共同生活、共同生产经营或者基于夫妻双方共同意思表示的除外。

## 爱花钱的妻子

### 案情简介

钱多多与陈川是一对“80后”夫妻，妻子钱多多在外企上班，月入两万多元，丈夫陈川是一名公务员，工作稳定但收入不高。两人的经济和消费观念也有很大的差别。钱多多花钱大手大脚，平日里喜欢购买化妆品、名牌服饰，工作之余喜欢和朋友一起逛街购物。而丈夫陈川是一个消费观念保守的人，认为家庭以后的开支项还很多，所以平时从不乱花钱，能省就省。夫妻双方因此在生活中不免有很多摩擦。最近一段时间，陈川发现妻子钱多多的消费越来越没有节制了，每个周末都出去逛街，而且平时还总是网购一些名牌衣服。陈川甚至还发现妻子购物的票据上显示，最近她经常出入一些古玩店，自作主张购买了一些蜜蜡、古玩字画等，仅仅一个月的时间，妻子就消费了10多万元。陈川看到这些，越来越忍不住心中的怒火，于是和妻子钱多多大吵了一架，并想把妻子从古玩店、商场购买的贵重物品退回。

### 温馨解答

**丈夫陈川是否可以以自己对妻子的消费不知情为由向商家退货?**

**答:** 根据《中华人民共和国民法典》的相关法律规定，夫妻双方因为特殊的身份关系，任何一方对外实施民事行为时，对另一方享有家事代理权。家事代理权是指配偶一方在与第三人就家庭日常事务为一定法律行为时，享有代理对方的权利。其所产生的法律后果是，配偶一方代表家庭所为的行为，另一方须承担连带后果责任。本案中，钱多多在商场和古玩店的消费属于家庭日常事务，虽然实质上未取得丈夫的同意，但钱多多与商家的交易已经完成。在整个交易的过程中，商家没有任何过错，商家作为善意第三人应当受到法律的保护。因此，陈川要求商家退货的要求不应当被支持。这也是法律为维护无过错方、保障交易稳定和动态安全的需要。

## 律师点评

《中华人民共和国民法典》规定，夫妻之间的家事代理权仅限于日常家庭事务，例如家庭日常生活用品的购置，保健、娱乐、医疗，子女的教养等。对于这类事务，夫妻之间均有代理权，一方不得以不知情为由推卸共同责任。法律这样规定也是为了提高家庭日常法律行为的效率。若是买菜、做饭等诸类家庭琐事也必须由夫妻双方共同协商一致，必然会影响家庭生活的正常运行，也影响交易的稳定。而对于超出日常生活的事务，比如购房、购车等大额开支，法律规定夫妻双方应当协商一致共同决定，任何一方不得擅自决定。但是，夫妻之间也可以对家事代理权进行内部限制，但是本着“对内有效对外无效”的原则，夫妻之间的内部限制和约定不能对抗善意第三人。

律师认为，夫妻之间应当加强沟通，彼此信任，特别是对待家庭经济的开支问题，更需要达成一致的原则和意见，尊重彼此的感受，只有这样，才能夫妻和睦、家庭和谐。

## 法条链接

**《中华人民共和国民法典》**

第一千零六十条　夫妻一方因家庭日常生活需要而实施的民事法律行为，对夫妻双方发生效力，但是夫妻一方与相对人另有约定的除外。

夫妻之间对一方可以实施的民事法律行为范围的限制，不得对抗善意相对人。

# 第二节　抚养关系

## 代孕妈妈的苦恼

6年前，邱晨刚刚大学毕业走向社会，不料此时父亲重病缠身。作为一名初出茅庐的大学生，邱晨身无分文，为解决父亲医疗费的问题，她通过一家中介机构成为一名代孕妈妈。在中介机构的安排下，邱晨与雇主达成协议，邱晨为不能生育孩子的雇主进行代孕，孩子出生后邱晨不能再跟孩子接触，并且对此事进行严格保密。协议签订后，雇主便支付了相应的报酬。邱晨拿着代孕所得报酬为父亲支付了医疗费，治好了父亲的病，并在数月后为雇主生下一个男孩。后来邱晨结婚，并生下了一个女孩。看着襁褓里的女儿，邱晨想起了自己当年代孕所生的孩子，甚是思念。于是，邱晨联系到了介绍自己代孕的中介机构，表示自己想要定期去看望当初代孕出生的这个孩子，但遭到了中介机构的拒绝。邱晨不知该如何是好，希望能通过法律途径来解决问题。

### 温馨解答

1. 代孕行为合法吗？

答：对于代孕行为，目前我国还没有制定专门的法律法规进行规范。国家卫生主管部门曾出台过相关规定，明确规定禁止实行代孕技术，只允许采用人类辅助生殖技术通过合法的妻子进行怀孕。

**2. 在目前没有明确法律规定的情况下，对于代孕妈妈而言，代孕行为存在哪些方面的风险？**

答：代孕行为可能引发以下几个方面的问题：

一是代孕可能会涉及人体器官出租或者买卖的问题，而我国是明令禁止人体器官买卖的；

二是代孕者与雇主之间可能会因为代孕报酬发生纠纷；

三是对于通过代孕出生的孩子，在抚养权、探视权以及抚养费等方面可能会发生纠纷。

由此可见，通过代孕获得报酬可能会解决代孕者面临的经济问题，但由此而引发的后续问题也是无法估量的。因此，如果像案例中的邱晨这样，确实在生活中出现了困难，要通过正常途径来解决，以免一波未平一波又起。

**3. 本案中，邱晨想要定期探望自己代孕所生的孩子，邱晨的要求在法律上是否能得到支持？**

答：根据法律的规定，邱晨作为孩子的亲生母亲，对孩子是享有探视权的，邱晨可以想办法与孩子现在的父母沟通，也可以向法院起诉，要求行使探视权。但另一方面，如果孩子现在的父母要求邱晨支付抚养费，邱晨也有义务支付，权利与义务是相对等的。

## 律师点评

不知何时，孩子居然也成为商品社会中可以订单销售的“产品”。我国现阶段只是禁止医疗机构从事代孕行为。有些无法生育的夫妻，会通过找他人代孕的方式来实现自己生育子女的愿望。但是生育孩子毕竟跟买卖商品不同，孩子与生育自己的父母具有天然的人身关系。这种自出生时即有的血缘关系是不可能通过协议或者其他约定的方式消失的。代孕行为游走在法律的空白地带，时常冲击着传统的伦理道德，引发的纠纷也日益增多。如案例中的邱晨，对于自己当年代孕所生小孩日夜思念，想要探望也在情理之中，但是正是由于自己当初为了得到代孕费用而与当事人签订的协议使得自己探望孩子

受到了阻碍。在此律师建议，不孕夫妇最好通过领养或者做试管婴儿的方式去实现自己生养孩子的愿望。如果已经通过代孕生育了子女，那么委托代孕一方以及代孕妈妈应尽量保证孩子利益最大化。双方应当勇于承担责任，给孩子一个良好的成长环境，不要让孩子成为代孕背后的牺牲品。

### 法条链接

**《中华人民共和国民法典》**

第一千零六十七条　父母不履行抚养义务的，未成年子女或者不能独立生活的成年子女，有要求父母给付抚养费的权利。

成年子女不履行赡养义务的，缺乏劳动能力或者生活困难的父母，有要求成年子女给付赡养费的权利。

第一千零七十一条　非婚生子女享有与婚生子女同等的权利，任何组织或者个人不得加以危害和歧视。

不直接抚养非婚生子女的生父或者生母，应当负担未成年子女或者不能独立生活的成年子女的抚养费。

## 谁是女儿的监护人

### 案情简介

吕维迎患病多年，一直无法治愈。丈夫王安军对病榻上的她从未照顾过，也未曾为她支付过医药费，对女儿也从来不管不顾。更为过分的是，王安军自从妻子患病后就常年不回家，而且有了婚外情。见妻子康复无望，王安军向吕维迎提出离婚。吕维迎无奈下同意离婚，并极力争取到了孩子的抚养权，同时要求丈夫放弃对孩子的监护权。为此，双方协议约定：离婚后，王安军对女儿不再享有监护权。两人离婚后的第二年，吕维迎去世，女儿由吕维迎的父亲抚养。王安军得知这一消息后，找到吕维迎的父亲，要求抚养女儿并履行对孩子的监护权，双方为此发生纠纷。

## 温馨解答

**1. 吕维迎在和王安军离婚的时候，通过协议约定王安军放弃对女儿的监护权，这种行为合法吗？**

答：这种行为是不合法的。根据法律的规定，监护权既是一种权利也是一种义务，权利可以放弃，而义务必须履行。父母是未成年子女的法定监护人，非经法定程序，父母的监护权不能任意放弃或者撤销。案例中，吕维迎和王安军通过协议的方式，约定王安军放弃对女儿的监护权是不合法的。

**2. 王安军可以向吕维迎的父亲要回孩子的监护权吗？**

答：王安军对女儿一直有监护权。现在吕维迎去世了，女儿应当由王安军来抚养和监护。当然，如果王安军将女儿带回家抚养后，出现了不履行抚养义务、侵害女儿权益的情况，且情节严重的话，吕维迎的父亲也就是孩子的外公也可以向法院申请撤销王安军的监护资格。

## 律师点评

《中华人民共和国民法典》第二十七条规定："父母是未成年子女的监护人。未成年人的父母已经死亡或者没有监护能力的，由下列有监护能力的人按顺序担任监护人：（一）祖父母、外祖父母；（二）兄、姐；（三）其他愿意担任监护人的个人或者组织，但是须经未成年人住所地的居民委员会、村民委员会或者民政部门同意。"

第三十一条规定："对监护人的确定有争议的，由被监护人住所地的居民委员会、村民委员会或者民政部门指定监护人，有关当事人对指定不服的，可以向人民法院申请指定监护人；有关当事人也可以直接向人民法院申请指定监护人。居民委员会、村民委员会、民政部门或者人民法院应当尊重被监护人的真实意愿，按照最有利于被监护人的原则在依法具有监护资格的人中指定监护人。依据本条第一款规定指定监护人前，被监护人的人身权利、财产权利以及其他合法权益处于无人保护状态的，由被监护人住所地的居民委员会、村民委员会、法律规定的有关组织或者民政部门担任临时监护人。监护人被指定后，不得擅自变更；擅自变更的，不免除被指定的监护人的责任。”

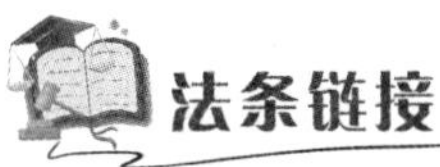

**《中华人民共和国民法典》**

第一千零八十四条　父母与子女间的关系，不因父母离婚而消除。离婚后，子女无论由父或者母直接抚养，仍是父母双方的子女。

离婚后，父母对于子女仍有抚养、教育、保护的权利和义务。

离婚后，不满两周岁的子女，以由母亲直接抚养为原则。已满两周岁的子女，父母双方对抚养问题协议不成的，由人民法院根据双方的具体情况，按照最有利于未成年子女的原则判决。子女已满八周岁的，应当尊重其真实意愿。

第一千零八十五条　离婚后，子女由一方直接抚养的，另一方应当负担部分或者全部抚养费。负担费用的多少和期限的长短，由双方协议；协议不成的，由人民法院判决。

前款规定的协议或者判决，不妨碍子女在必要时向父母任何一方提出超过协议或者判决原定数额的合理要求。

**《中华人民共和国未成年人保护法》**

第一百零八条　未成年人的父母或者其他监护人不依法履行监护职责或者严重侵犯被监护的未成年人合法权益的，人民法院可以根据有关人员或者单位的申请，依法作出人身安全保护令或者撤销监护人资格。

被撤销监护人资格的父母或者其他监护人应当依法继续负担抚养费用。

**最高人民法院、最高人民检察院、公安部、民政部《关于依法处理监护人侵害未成年人权益行为若干问题的意见》**

35. 被申请人有下列情形之一的，人民法院可以判决撤销其监护人资格：

（一）性侵害、出卖、遗弃、虐待、暴力伤害未成年人，严重损害未成年人身心健康的；

（二）将未成年人置于无人监管和照看的状态，导致未成年人面临死亡或者严重伤害危险，经教育不改的；

（三）拒不履行监护职责长达六个月以上，导致未成年人流离失所或者生活无着的；

（四）有吸毒、赌博、长期酗酒等恶习无法正确履行监护职责或者因服刑等原因无法履行监护职责，且拒绝将监护职责部分或者全部委托给他人，致使未成年人处于困境或者危险状态的；

（五）胁迫、诱骗、利用未成年人乞讨，经公安机关和未成年人救助保护机构等部门三次以上批评教育拒不改正，严重影响未成年人正常生活和学习的；

（六）教唆、利用未成年人实施违法犯罪行为，情节恶劣的；

（七）有其他严重侵害未成年人合法权益行为的。

## 女儿保卫战

方萍10年前与丈夫王子涛结婚。王子涛是再婚，和前妻田元美协议离婚，1岁多的女儿文文随王子涛一起生活。王子涛和方萍结婚后，方萍非常喜欢文文，把文文当亲生女儿一样照顾，并主动提出，为了照顾文文，自己以后不再生育，年幼的文文也很快和方萍亲近起来，一家三口的日子过得非常温馨。然而天不遂人愿，1年前，王子涛因车祸去世。得知这一消息的田元美赶来想要将11岁的文文带走抚养，可是此时的文文根本认不出自己的亲生母亲田元美，她一直把方萍当作自己的亲生母亲，不愿跟田元美走。对于田元美要带走文文的事情，方萍是一百个不愿意，因为她工作稳定，有能力抚养文文，而且自己这么多年一直照顾文文，没有生育，已经离不开文文，而田元美再婚后又生了一个孩子，自己无论如何也不能让田元美把文文带走。田元美却称自己才是文文的亲生母亲，如果方萍不把孩子还给自己，她就要到法院去起诉。方萍不知道怎么样才能把文文留在身边。

**1. 继父母子女之间的关系和亲生父母子女之间的关系有什么区别呢？**

答：根据《中华人民共和国民法典》的规定，继父母和受其抚养教育的继子女之间的权利义务关系，适用法律对亲生父母子女之间的权利义务关系。也就是说，如果继子女是由继父母抚养教育长大的，那么他们之间的关系在法律上就和亲生父母子女一样，相互之间有抚养和赡养的义务；相反，如果在建立关系时，继子女就已经成年了，不需要抚养教育了，那么继子女和继父母之间在法律上就没有相互之间的这种抚养和赡养的义务。在这个案例中，方萍在文文不满两岁的时候和文文的父亲结婚，之后对文文尽到了抚养教育的义务，那么方萍和文文之间的关系在法律上就和亲生母女之间的关系一样。

**2. 文文的亲生父亲去世之后，方萍和文文之间的关系是不是就自动解除了？**

答：根据法律的规定，继父母与继子女已形成的权利义务关系不能自然终止。如果一方起诉要求解除这种权利义务关系的，人民法院应视具体情况作出是否准许解除的调解或判决。本案中，虽然文文的父亲去世了，但是由于方萍和文文之间已经形成了抚养关系，而且文文现在才 11 岁，还未成年，也没有起诉要求解除关系，所以方萍和文文之间的继父母子女关系不会自动解除。

**3. 文文的亲生母亲田元美想要将文文带走，如果她起诉到法院的话，她的要求是否会得到法院的支持？**

答：本案中，方萍作为文文的继母，对文文有抚养的权利和义务。那么作为文文的亲生母亲，田元美对文文也有抚养的权利和义务。如果田元美起诉到法院要求取得文文的抚养权的话，她的主张是否会得到法院的支持，这还要综合考虑双方的情况以及文文自己的意愿。本案中，文文的亲生父母王子涛和田元美协议离婚时，文文还不满两周岁，田元美同意文文由王子涛抚养。王子涛和方萍再婚后，方萍对文文照顾有加，不存在遗弃、虐待等情形，双方一起生活近 10 年，已经形成了抚养关系。而且方萍有稳定的收入，有能力抚养文文。而田元美再婚后又生育了一名子女，在精力上可能会比较分散。同时，文文一直随方萍生活，改变文文的生活环境不利于文文的健康成长。所以，从双方的综合条件来看，方萍的条件是优于田元美的，法院会根据有利于子女健康成长的原则来判决抚养权的归属。另外，文文现在已经11周岁，法院也会考虑文文的个人意愿。因为文文也一直把方萍当作亲生母亲，双方有深厚的感情基础，所以如果文文选择随方萍生活，一般会被法院准许。

### 律师点评

有关孩子抚养权的归属及变更问题，并不像有些当事人所想的那样，孩子的亲生父母一定比继父母更适合抚养孩子。谁更适合抚养孩子需要对双方条件进行综合考量。例如案例中的文文，她已经11周岁，在变更抚养权的问题上，法官会考虑文文的个人意愿。再说，文文的继母自幼照顾文文，继父母子女关系同样适用民法典关于父母子女关系的规定。所以，这也就不难理解，这种情况下继父母确实比亲生父母更为适合抚养孩子。

### 法条链接

**《中华人民共和国民法典》**

第一千零七十二条　继父母与继子女间，不得虐待或者歧视。

继父或者继母和受其抚养教育的继子女间的权利义务关系，适用本法关于父母子女关系的规定。

## 谁更有钱，孩子就归谁抚养吗

### 案情简介

薛继华与王照磊于2013年3月登记结婚。婚后一年，两人有了自己的女儿玲玲。因为王照磊是做皮草生意的，常年出差在外，为了更好地照顾孩子，薛继华就在家做起了全职太太。时间飞快，转眼孩子就要上小学了，但薛继华和王照磊的关系却越来越糟。王照磊对薛继华的指责和不满越来越多，经常以薛继华没有尽到家庭责任为由对薛继华实施家暴。薛继华忍无可忍，提出离婚，但双方就孩子的抚养问题无法达成一致意见。王照磊觉得自己经济条件好，能给孩子提供更好的生活环境，即便薛继华起诉也不能胜诉。薛继华一时陷入了困境。

## 温馨解答

**1. 薛继华和王照磊想要离婚，但是在孩子的抚养问题上始终达不成一致意见。在这种情况下，如果薛继华起诉，能否获得孩子的抚养权？王照磊认为薛继华会败诉的说法是否正确？**

答：根据我国法律的规定，夫妻离婚时，如双方因子女抚养问题发生争执不能达成协议时，由人民法院根据子女的权益和双方的具体情况作出判决。原则上，两周岁以下的子女判给母亲，八周岁以上的尊重孩子意愿，两到八周岁这个阶段需要综合考虑各方面的因素。在这个案例中，薛继华与王照磊的女儿正好处于两到八周岁这个阶段。从实践中看，是否具有强大的经济实力和抚养意愿确实是法官裁判抚养权的重要考量因素，但不是唯一因素。根据案例的情况，王照磊具有明显的家暴行为和暴力倾向，这极有可能会对孩子的成长产生负面影响。另外，王照磊由于工作原因长期在外，也没有时间和精力照顾孩子。相反，薛继华作为家庭主妇，在长期对孩子的照顾过程中与孩子积累了深厚的感情，且对孩子的成长和心理也较为了解。虽然薛继华经济条件不如王照磊，但在对方支付相应抚养费的条件下，也完全有能力为子女提供相对优良的成长环境。而且薛继华有工作能力，也可以重新找工作挣钱抚养孩子。所以，根据薛继华与王照磊的情况，如果一方起诉到法院的话，孩子判给哪一方抚养还得综合多方面的因素予以考量，而并非谁有钱孩子就归谁抚养。

**2. 对于抚育费的具体支付和数额，法律是怎样规定的？**

答：根据我国法律的规定，对于子女抚育费的数额，可以根据子女的实际需要、父母双方的负担能力和当地的实际生活水平来确定。父母一方有固定收入的，抚育费一般可以参照其月总收入的20% ~30%的比例给付。没有固定收入的，抚育费的数额可以参照当年总收入和同行业平均收入。而对于抚育费的支付方式，双方可以协商，一般情况下是定期按月支付，当然，有条件的也可以一次性支付。

## 律师点评

案例中的王照磊认为自己财力雄厚，对于女儿的抚养权他志在必得。但是他不知道，对于孩子的抚养权，我国法律明确规定，以维护子女的利益为重要原则。子女8周岁以上的可以尊重子女的意见。王照磊即使经济条件优于薛继华，但是因为其有家暴行为，法院也可能不会将孩子判给他。律师在此提醒离婚夫妇，夫妻双方在离婚时需要将子女抚养的问题明确，有争议的，法院将根据双方条件以及子女利益来判定。在这个问题上，有钱也无法任性。

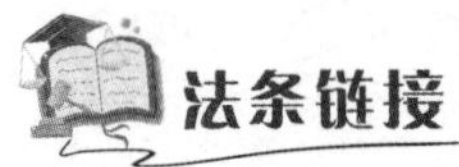

## 法条链接

**《中华人民共和国民法典》**

第一千零八十四条　离婚后，不满两周岁的子女，以由母亲直接抚养为原则。已满两周岁的子女，父母双方对抚养问题协议不成的，由人民法院根据双方的具体情况，按照最有利于未成年子女的原则判决。子女已满八周岁的，应当尊重其真实意愿。

**《中华人民共和国未成年人保护法》**

第一百零七条第二款　人民法院审理离婚案件，涉及未成年子女抚养问题的，应当尊重已满八周岁未成年子女的真实意愿，根据双方具体情况，按照最有利于未成年子女的原则依法处理。

# 离婚夫妻的争孩儿大战

## 案情简介

葛春洁与前夫董建林于2016年离婚。因为在离婚前，董建林已经另觅新欢，所以为了尽快达到离婚的目的，董建林同意不满4周岁的儿子由葛春洁抚养，董建林每月支付2000元抚养费。两人达成离婚协议后，到民政部门领取了离婚证。2018年9月，董建林突然停止支付抚养费。葛春洁遂联系董建林询问缘由，董建林的答复是，他想要回孩子的抚养权，并要求葛春洁每月支付2000元抚养费。葛春洁听后十分生气，一方面舍不得孩子，另一方面，据她对董建林的了解，董建林并非真的想要抚养孩子，有可能只是觉得2000元抚养费太高，想要反悔。因此，葛春洁无论如何也不可能答应董建林的要求，可是又不知道该怎么办。

## 温馨解答

**1. 如果董建林起诉至法院要求变更抚养权，他的要求会得到法院的支持吗？**

答：在本案中，双方虽然在离婚时已就子女抚养问题达成协议，但是这种抚养关系也不是一成不变的，在符合一定条件时，不亲自抚养孩子的一方也可以向法院起诉要求变更孩子的抚养权。这里的条件主要是指，要求变更的一方，也就是本案中的董建林，必须提供证据证明葛春洁抚养孩子存在不利于孩子健康成长的法定情形。如果董建林不能就自己的主张提供有效证据，他变更抚养权的要求就得不到法院的支持。

**2. 我国法律规定的子女抚养权变更的法定情形有哪些呢？**

答：主要有这么几种情形：第一，与子女共同生活的一方因患严重疾病或因伤残无力继续抚养子女的；第二，与子女共同生活的一方不尽抚养义务或有虐待子女行为，或其与子女共同生活对子女身心健康确有不利影响的；第三，十周岁以上未成年子女，愿随另一方生活，该方又有抚养能力的；第四，有其他正当理由需要变更的。因此，法律虽然规定了抚养权可以变更，但是也同时规定了严格的变更条件，而且申请变更一方负有举证责任。这样规定主要还是考虑到尽量不要轻易地改变孩子的生活状态，让孩子能有一个相对熟悉的、稳定的生活和学习环境。

## 律师点评

在离婚后子女抚养费给付的问题上，很多人在认识上存在误区：有人拿抚养费作为离婚谈判的筹码；有人认为抚养费是给到对方手里，给多了吃亏；也有抚养子女的一方所要的抚养费远远高出孩子的实际花费。在此，律师提醒各位婚姻当事人，婚姻关系可以变，但亲子关系变不了。抚养费就是离婚后不亲自抚养孩子的一方支付的，用来维持和保障孩子的生活、学习和基本医疗的费用。如果有能力，尽量多支付一些，让孩子享受到更好的生活、学习条件。另外，需要指出的是，虽然法律规定了抚养费的标准为一方工资的20%～30%，但这只是在双方协议不成的情况下的一个参考标准，如果一方愿意多支付，法律是不会禁止的。律师在此表达一下个人观点，无论婚姻如何变化，孩子始终是过往婚姻的结晶。父母不能把孩子当作离婚的筹码，更不能把孩子当作向另一方要抚养费的工具。作为父母要明白，抚养子女是父母的法定义务，自己已经不能给孩子一个完整的家庭，又怎能在孩子的抚养费上做文章呢？

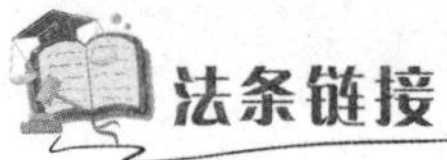

## 法条链接

**《最高人民法院关于适用〈中华人民共和国民法典〉婚姻家庭编的解释（一）》**

第五十六条　具有下列情形之一，父母一方要求变更子女抚养关系的，人民法院应予支持：

（一）与子女共同生活的一方因患严重疾病或者因伤残无力继续抚养子女；

（二）与子女共同生活的一方不尽抚养义务或有虐待子女行为，或者其与子女共同生活对子女身心健康确有不利影响；

（三）已满八周岁的子女，愿随另一方生活，该方又有抚养能力；

（四）有其他正当理由需要变更。

# 凋落的花朵

## 案情简介

小唯的父亲张华强年轻时曾因盗窃在监狱中服过刑，服刑期满出狱后，缺乏一技之长的他在小唯爷爷奶奶的资助下最终娶到了小唯的母亲。婚后，小唯的父亲整日无所事事，对小唯不管不问，小唯的各项花销除了小唯母亲用其微薄的收入支撑外，剩下的全由小唯的爷爷奶奶来提供。小唯的母亲一边工作，一边抚养小唯，生活压力越来越大，她最终选择悄无声息地离开这个家庭。自此小唯的母亲音信全无。接下来的几年，在小唯爷爷奶奶的帮助和邻居的热心关照下，小唯的生活还算幸福。小唯的父亲依然没有改变，只要小唯稍不听话就对其破口大骂。小唯上三年级那年，父亲在一天深夜里强奸了未满10周岁的小唯。遭遇侵害后，小唯连续几天都没有去上学。小唯的老师经过多方打听才得知，小唯遭到亲生父亲的性侵。学校得知小唯的遭遇后，非常气愤，遂报警。

## 温馨解答

**1. 张华强现在被检察院以强奸罪提起公诉，他还能否继续担当小唯的监护人？**

答：根据法律的规定，父母是未成年子女的法定监护人。但在本案当中，小唯的母亲在小唯年幼时下落不明，无法对小唯进行监护。小唯的亲生父亲由于性侵害小唯，现在已被司法机关依法控制。根据最高人民法院、最高人民检察院、公安部、民政部《关于依法处理监护人侵害未成年人权益行为若干问题的意见》第三十五条的规定，监护人性侵害未成年人严重损害未成年人身心健康的，人民法院可以判决撤销其监护人资格。所以，张华强不能继续担任小唯的监护人。同时，对于监护人因监护侵害行为被提起公诉的案件，人民检察院应当书面告知未成年人及其临时照料人有权依法申请撤销监护人资格。

**2. 谁有权提出撤销张华强监护权的申请？**

答：根据法律的规定，未成年人的法定监护人出现了不宜继续行使监护权的法定情形，以下单位和人员有权向人民法院申请撤销监护人资格：未成年人的祖父母、外祖父母、兄、姐；未成年人关系密切的其他亲属、朋友；未成年人住所地的村（居）民委员会，未成年人父、母所在单位；民政部门及其设立的未成年人救助保护机构；共青团、妇联、关工委、学校等团体和单位。在这个案例中，小唯的爷爷奶奶或者小唯所在村（居）委会都可以申请撤销张华强的监护权。

**3. 由于小唯的爷爷奶奶年迈，无力抚养小唯，应当由谁来担任小唯的监护人？**

答：根据法律的规定，判决撤销监护人资格，未成年人有其他监护人的，应当由其他监护人承担监护职责。其他监护人应当采取措施避免未成年人继续受到侵害。没有其他监护人的，人民法院根据最有利于未成年人的原则，依据《中华人民共和国民法典》的相关规定指定监护人。指定个人担任监护人的，应当综合考虑其意愿、品行、身体状况、经济条件、与未成年人的生活情感联系以及有表达能力的未成年人的意愿等。没有合适人员和其他单位担任监护人的，人民法院应当指定民政部门担任监护人，由其所属儿童福利机构收留抚养。所以，如果案例中小唯的爷爷奶奶没有能力当小唯的监护人，那么当地民政部门可以担任监护人，由其所属儿童福利机构收留抚养小唯。

## 律师点评

上述案例中父亲性侵害未成年子女的情况实属罕见，也的确令人发指。为了维护受侵害的未成年人的权益，我国出台了撤销未成年人监护权的相关规定。当未成年人的法定监护人出现不再适宜监护的情形，未成年人的近亲属、民政部门等有权提出撤销监护权的申请。根据最高人民法院、最高人民检察院联合民政部、公安部制定的《关于依法处理监护人侵害未成年人权益行为若干问题的意见》，未成年的法定监护人在被依法撤销监护资格后，未成年人并不会落入无人监护的情形。另外，为了促进未成年人健康成长，未成年人救助保护机构可以组织社会工作服务机构等社会力量，对监护人开展监护指导、心理疏导等教育辅导工作，并对未成年人的家庭基本情况、监护情况、监护人悔过情况、未成年人身心健康状况以及未成年人意愿等进行调查评估。监护人接受教育辅导及后续表现情况应当作为调查评估报告的重要内容。

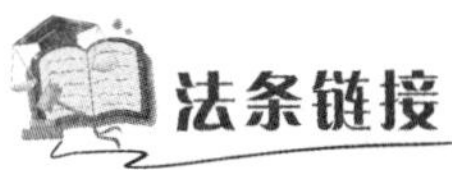

**《中华人民共和国民法典》**

第三十六条　监护人有下列情形之一的，人民法院根据有关个人或者组织的申请，撤销其监护人资格，安排必要的临时监护措施，并按照最有利于被监护人的原则依法指定监护人：

（一）实施严重损害被监护人身心健康的行为；

（二）怠于履行监护职责，或者无法履行监护职责且拒绝将监护职责部分或者全部委托给他人，导致被监护人处于危困状态；

（三）实施严重侵害被监护人合法权益的其他行为。

本条规定的有关个人、组织包括：其他依法具有监护资格的人，居民委员会、村民委员会、学校、医疗机构、妇女联合会、残疾人联合会、未成年人保护组织、依法设立的老年人组织、民政部门等。

前款规定的个人和民政部门以外的组织未及时向人民法院申请撤销监护人资格的，民政部门应当向人民法院申请。

**最高人民法院、最高人民检察院、公安部、民政部《关于依法处理监护人侵害未成年人权益行为若干问题的意见》**

18. 未成年人救助保护机构可以组织社会工作服务机构等社会力量，对监护人开展监护指导、心理疏导等教育辅导工作，并对未成年人的家庭基本情况、监护情况、监护人悔过情况、未成年人身心健康状况以及未成年人意愿等进行调查评估。监护人接受教育辅导及后续表现情况应当作为调查评估报告的重要内容。

27. 下列单位和人员（以下简称有关单位和人员）有权向人民法院申请

撤销监护人资格：

（一）未成年人的其他监护人，祖父母、外祖父母、兄、姐，关系密切的其他亲属、朋友；

（二）未成年人住所地的村（居）民委员会，未成年人父、母所在单位；

（三）民政部门及其设立的未成年人救助保护机构；

（四）共青团、妇联、关工委、学校等团体和单位。

申请撤销监护人资格，一般由前款中负责临时照料未成年人的单位和人员提出，也可以由前款中其他单位和人员提出。

30. 监护人因监护侵害行为被提起公诉的案件，人民检察院应当书面告知未成年人及其临时照料人有权依法申请撤销监护人资格。

对于监护侵害行为符合本意见第35条规定情形而相关单位和人员没有提起诉讼的，人民检察院应当书面建议当地民政部门或者未成年人救助保护机构向人民法院申请撤销监护人资格。

## 宝宝的“两个爸爸”

王丽与戴维结婚已经15年了，双方婚后生育一对双胞胎女儿，夫妻恩爱，是亲朋好友眼中的模范夫妻。可让王丽想不到的是，原本和和睦睦的一家人，却因为一个女人的出现发生了翻天覆地的变化。这个女人名叫张娟，年轻漂亮。张娟告诉戴维，自己离婚后一个人抚养孩子非常不容易，并以此为由，屡次要求戴维为其打款。戴维稍有不从，张娟就抱着宝宝前往戴维的单位大闹，并扬言要将双方的关系告诉戴维的妻子。迫于无奈，戴维只好乖乖给张娟打款，并在张娟的要求下出资购买了房产且将其登记在张娟的名下。可即便如此，张娟最终还是找到了戴维的妻子王丽。她平静地说出自己和戴维的关系，并告诉王丽，自己和戴维已经有宝宝了，要求王丽和戴维离婚。这个事实无论对于王丽还是对于戴维都犹如晴天霹雳。接下来的日子可想而知，张娟动辄跟戴维要钱，或带着孩子找戴维的家人大闹。即便戴维后悔并承诺痛改前非，他和王丽的婚姻生活也无法恢复原来的平静了。王丽后来得知，张娟有过一段婚姻，而且在张娟与戴维交往期间，张娟并未与前夫石强离婚。经过一番调查，王丽还发现，张娟在与前夫石强离婚时，还向前夫石强要了孩子的抚养费。根据以上信息，王丽和戴维开始怀疑，张娟所生孩子的亲生父亲未必是戴维。面对张娟的百般无理要求，王丽、戴维想将此事调查清楚。而另一方面，一直支付孩子抚养费的张娟的前夫石强在得知此事后，也想将此事调查清楚。

**1. 一心想查清孩子生父到底是谁的石强，是否有权向法院起诉确认或否认亲子关系呢？**

答：石强有权向法院起诉要求否认其与张娟之子的亲子关系。根据法律规定，父或母对在婚姻关系存续期间受胎或出生的子女，在有正当理由的情况下，可以向法院起诉否认亲子关系。张娟之子在张娟与石强婚姻关系存续期间出生，依法被推定为张娟与石强的婚生子。石强作为孩子法律上的父亲，有权起诉对亲子关系予以否认。

**2. 若经亲子鉴定，张娟之子并非石强亲生，则石强如何维权？**

答：若张娟之子非石强所亲生，且张娟故意隐瞒这一事实而向石强索要抚养费的，属于欺诈性抚养，石强除有权要求张娟返还所付抚养费之外，还有权向张娟主张精神损害赔偿。

**3. 若经亲子鉴定，张娟之子系石强亲生，则戴维如何维权？**

答：若张娟之子系石强亲生，且张娟故意隐瞒这一事实而向戴维索要生活费和购房款，且以告诉戴维家人和到戴维单位大闹为要挟手段的，构成敲诈勒索，戴维可以向公安机关报案，追究张娟的刑事责任。

## 律师点评

孩子是上天赐予父母最纯洁的礼物，父母本应当好好保护孩子，使其健康快乐地成长。但案例中的孩子却在小小的年纪被母亲当作索要钱财的工具，我们不禁为之嗟叹。婚姻不易，且行且珍惜。若戴维坚持本心，守护家庭，足够珍惜自己的婚姻，那么也不会遭此婚姻风波、折损钱财。希望戴维与王丽都能从这场风波中吸取教训，理智地审视婚姻中的各种问题，修复夫妻感情，让双方的婚姻生活尽快回归正轨。

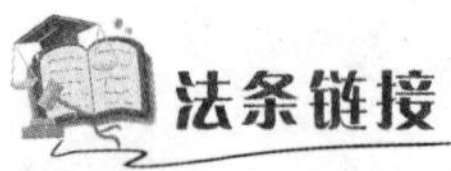

## 法条链接

**《中华人民共和国民法典》**

第一千零七十三条　对亲子关系有异议且有正当理由的，父或者母可以向人民法院提起诉讼，请求确认或者否认亲子关系。

对亲子关系有异议且有正当理由的，成年子女可以向人民法院提起诉讼，请求确认亲子关系。

# 第三节　抚养费

## 女儿的医疗费

燕燕2020年刚满18周岁。在她10周岁那年，父母协议离婚，协议约定，燕燕随母亲生活，父亲每月支付抚养费800元至燕燕18周岁。这些年燕燕的母亲一直尽力为其创造良好的生活环境，也一直没有再婚。眼看着燕燕就要上大学了，可谁承想，燕燕被诊断出髌骨先天发育不良，需手术治疗。手术费花了10万多元，另外还有医疗费、长期的营养护理费，这些费用让燕燕的母亲感到难以独自承担。为了减轻母亲的负担，燕燕向父亲提出让他承担部分医疗费用，但遭到了父亲的拒绝。于是，燕燕决定提起抚养费诉讼，要求父亲承担一半的医疗费用。燕燕的父亲以有协议为由，认为自己只需抚养女儿到18周岁，而且自己确实也没有这个经济能力。现在燕燕陷入了困境，不知该如何解决。

**1. 燕燕能否要求他的父亲承担医疗费呢？**

答：抚养费的给付期限一般是到子女18周岁，抚养费包括基本的生活费、教育费、医疗费。但在特殊情况下，若成年子女确实无独立生活能力、无经济来源的，父母仍有可能需要继续给付抚养费。

特殊情况要视具体情况而定。首先，对于确实因身体状况等客观条件限制导致丧失劳动能力，而无法独立生活、无经济来源的成年子女，《中华人民共和国民法典》中明确规定父母有继续给付抚养费的法定义务，父母应支付基本的生活费用；其次，对于因病就医但又无经济来源的成年子女，如果子女的疾病已经影响到其独立获得经济来源的能力，应认定为无法独立生活，父母作为家庭成员有相互扶助的义务，应酌情承担一定的比例。本案中，燕燕如果起诉到法院，法官会综合考虑，酌情要求其父亲分担一定的医疗费用。

**2. 如果燕燕要求父亲承担的不是医疗费，而是自己上大学的教育费，能否得到支持？**

答：根据法律的规定，对于成年子女单纯主张教育费用的，由于其已具备劳动能力，可通过打工、申请助学贷款等方式维持正常生活学习需要，所以不能再要求父母承担教育费用。

## 律师点评

一般来说，中国的父母相对传统一些，就算孩子成年了，对孩子的学业、婚姻等问题也会给予力所能及的帮助。如果父母离婚，最好在双方离婚时提前约定孩子上大学的费用、大额医疗费用等。这样会在一定程度上避免之后发生纠纷。律师在这里提醒广大女性朋友，如果不幸面临离婚，又恰巧有孩子，而且能达成协议，要尽可能多地保障孩子将来的利益。案例中的燕燕虽然已经成年，但因为现在患病，支付医疗费确实存在困难。仅从父女亲情上来看，燕燕的父亲也要支付医疗费，并照顾生病的燕燕。在燕燕走投无路的情况下以燕燕已经成年为由拒绝支付医疗费，燕燕父亲的做法实在不妥。毕竟，照顾患病的子女，是每个为人父母应当做的，无论孩子是否成年。

## 法条链接

**《中华人民共和国民法典》**

第一千零六十七条　父母不履行抚养义务的，未成年子女或者不能独立生活的成年子女，有要求父母给付抚养费的权利。

成年子女不履行赡养义务的，缺乏劳动能力或者生活困难的父母，有要求成年子女给付赡养费的权利。

**《最高人民法院关于适用〈中华人民共和国民法典〉婚姻家庭编的解释（一）》**

第四十二条　民法典第一千零六十七条所称“抚养费”，包括子女生活费、教育费、医疗费等费用。

# 第四节　探　望

## 前妻登门，藕断又丝连

蔡琪和张扬经人介绍认识，当初温文尔雅的张扬深得蔡琪的芳心，但由于张扬结过一次婚，并且跟前妻离婚后带着一个儿子，蔡琪的家人并不同意其和张扬的婚事。尽管家人反对，蔡琪最终还是和张扬走到了一起，2017 年 11 月，他们去民政部门领了结婚证。本想着婚后的生活会更加温馨和甜蜜，可万万没想到的是，所有的想象都被张扬的前妻万泽琴给打破了。结婚后，蔡琪发现老公还和前妻万泽琴保持着联系，万泽琴更是经常主动给张扬打电话、发微信。蔡琪实在看不过去，就通过电话和万泽琴谈了谈。可自从谈话之后，万泽琴更加肆无忌惮了，甚至经常假借探望儿子来干扰蔡琪和张扬的生活。蔡琪无法忍受现在的生活，于是向老公提出，如果万泽琴再以探望儿子为名不断干扰现在他们夫妻二人的正常生活，就让张扬拒绝万泽琴探望他们的儿子。但是张扬却说孩子也是前妻的，他没有权利不让前妻来看儿子。在后续的探望过程中，万泽琴更是不顾蔡琪的感受在其眼前做出与张扬暧昧、希望张扬原谅自己等的行为。在多次恳求张扬中止万泽琴的探望权无果后，蔡琪很无助，不知该如何维护自己的婚姻，甚至动了离婚的念头。

**1. 面对万泽琴明目张胆的挑衅，蔡琪该如何应对呢？**

答：从法律的角度来说，只能建议蔡琪在处理老公与前妻的问题时不要冲动，再生气也不要主动挑起打斗。如果对方构成骚扰，恶语相加或者出手伤人，蔡琪可以报警；若对方对自己的人身造成了伤害，还可以通过诉讼解决。

**2. 张扬的前妻总是借探望孩子的名义对张扬和蔡琪进行骚扰，蔡琪可以以给自己的生活造成干扰为由起诉到法院，要求中止万泽琴对孩子的探望权吗？**

答：不可以。我国法律规定，夫妻离婚，不直接抚养孩子的一方承担抚养费，并且有探望孩子的权利，直接抚养孩子的一方应当协助和配合。万泽琴探望孩子并没有造成对孩子本身生活的不利影响，从法律上来讲，不符合中止探望的情形，因此，蔡琪要求法院中止万泽琴探望孩子的主张是得不到支持的。

## 律师点评

案例中的蔡琪没有听从父母的劝说，与有过一段婚姻的张扬走到了一起。本以为能够幸福的蔡琪万万没想到自己的生活一次次被丈夫的前妻万泽琴打扰。万泽琴从最初的向张扬发送暧昧短信，到向蔡琪挑衅，再到以行使孩子探望权的名义不断骚扰蔡琪和张扬，导致蔡琪与张扬感情出现问题。律师在此提醒女性朋友，婚姻并非儿戏，在选择自己的人生伴侣时一定要慎重。如果选择有过婚姻经历的人结婚，一定要确定对方是否跟自己的上一段婚姻划清界限；对于有子女的，一定要明确对方与之前的配偶对孩子探望权的相关约定，不要因为另一方不正当行使探望权而影响了夫妻关系。

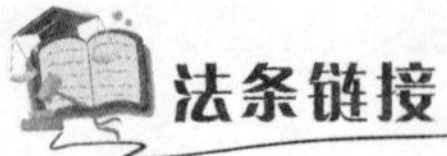

## 法条链接

**《中华人民共和国民法典》**

第一千零八十六条　离婚后，不直接抚养子女的父或者母，有探望子女的权利，另一方有协助的义务。

行使探望权利的方式、时间由当事人协议；协议不成的，由人民法院判决。

父或者母探望子女，不利于子女身心健康的，由人民法院依法中止探望；中止的事由消失后，应当恢复探望。

**《最高人民法院关于适用〈中华人民共和国民法典〉婚姻家庭编的解释（一）》**

第六十七条　未成年子女、直接抚养子女的父或者母以及其他对未成年子女负担抚养、教育、保护义务的法定监护人，有权向人民法院提出中止探望的请求。

# 爷爷奶奶的探望权

## 案情简介

王海珠夫妇已经60多岁。2017年，老两口唯一的儿子因为车祸去世，家里的经济来源顿时被切断。办理完丈夫的后事之后，儿媳提出要到外面打工赚钱养活家里，5岁的儿子晓晓需要由王海珠夫妇照料。王海珠夫妇觉得儿媳说得有道理，于是同意照顾孙子。两年后，儿媳再婚，将晓晓带走抚养，并且承诺一定会带晓晓经常回来看望二老。可是半年过去了，儿媳从来没有带孙子回来过，每次打电话，儿媳都说很忙。王海珠夫妇提出要亲自去看望孙子，但儿媳拒绝将具体地址告知他们。无奈之下，王海珠夫妇将儿媳起诉到法院，要求行使对孙子的探望权。

## 温馨解答

**1. 关于探望权，法律是如何规定的呢？**

答：离婚后，不直接抚养子女的父或母，有探望子女的权利，另一方有协助的义务。行使探望权利的方式、时间由当事人协议；协议不成时，由人民法院判决。通过法律规定可以看出，探望权的行使在无冲突的情况下，由当事人自行约定，当事人可以约定在任何时间由不抚养孩子的一方行使探望权。

**2. 案例中的王海珠夫妇作为爷爷奶奶，有探望孙子的权利吗？**

答：法律上没有规定祖父母、外祖父母是否享有对孙子女、外孙子女的探望权。但目前独生子女情况普遍存在，出现了很多三代单传甚至是几代单传的情况，隔辈亲使得老人在儿女离婚后，特别希望能经常见到自己的孙子女或者外孙子女，因此隔辈探望这个问题已经引起越来越广泛的重视。

**3. 儿媳有权利拒绝孩子祖父母的探望吗？**

答：我国法律规定，父或母探望子女，不利于子女身心健康的，由人民法院依法中止探望的权利；中止事由消失后，应当恢复探望的权利。由此可见，法律并没有规定祖父母、外祖父母对孙子女、外孙子女的探望权，但是也没有禁止祖父母、外祖父母相关的探望权。从情理上看，晓晓的爷爷奶奶照顾晓晓多年，彼此感情深厚，儿媳带走晓晓后应该保证晓晓爷爷奶奶的探望权，只要他们的探望行为不影响孙子的健康成长，儿媳就不应拒绝他们的探望。不仅如此，晓晓的爷爷奶奶曾经照顾过晓晓，在精神需求方面，不仅是爷爷奶奶需要晓晓，对于失去父亲的晓晓来说，也需要爷爷奶奶的探望与短暂陪伴。所以从这两个方面来说，爷爷奶奶的探望不应该被拒绝。

## 律师点评

对于隔代探望权的问题，律师建议离婚后抚养孩子的一方要尽量保证孩子祖父母、外祖父母的探望权。在一定情况下，老人行使探望权也有利于孩子的健康成长。如果没有正当理由而对祖父母、外祖父母的探望横加阻拦，是对亲情的伤害。另一方面，律师也建议，尽快完善相关法律，以保证隔代探望权的实现。

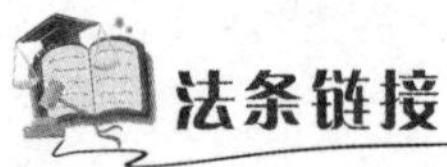

## 法条链接

**《中华人民共和国民法典》**

第一千零八十六条　离婚后，不直接抚养子女的父或者母，有探望子女的权利，另一方有协助的义务。

行使探望权利的方式、时间由当事人协议；协议不成的，由人民法院判决。

父或者母探望子女，不利于子女身心健康的，由人民法院依法中止探望；中止的事由消失后，应当恢复探望。

**《中华人民共和国老年人权益保障法》**

第十八条　家庭成员应当关心老年人的精神需求，不得忽视、冷落老年人。

与老年人分开居住的家庭成员，应当经常看望或者问候老年人。

# 第五节　赡养纠纷

## 不继承是否就可不赡养

王秀芝有一儿一女，儿女都已成家。几年前，由于女儿要出国定居，王秀芝与儿子、女儿就赡养问题达成协议：王秀芝免除女儿的赡养义务，有生之年的赡养问题由儿子负责；百年之后，所有财产由儿子继承，女儿放弃继承权。协议签署后，女儿出国了，王秀芝一直由儿子照顾。然而就在2019年，王秀芝的儿子生了一场大病，花去了大笔的医疗费，事业方面也陷入困境，无力再独自赡养王秀芝。于是，王秀芝想让女儿回来照顾自己。而王秀芝的女儿则以已经放弃继承为由，拒绝回来赡养王秀芝。

### 温馨解答

1. 王秀芝与儿子、女儿签订的协议有效吗？

答：王秀芝作为被赡养人，要求子女对其进行赡养是她的权利。她可以行使这个权利，也可以放弃这个权利。因此，王秀芝放弃要求女儿赡养的权利，免除女儿赡养义务的协议是合法有效的。

2. 既然协议是有效的，王秀芝现在还能要求女儿回来赡养自己吗？

答：虽然这个协议是有效的，但子女赡养父母的义务也是法定的。父母可以放弃赡养请求权，免除子女相关的义务，但是一旦发生情势变更，父母重新请求子女履行赡养义务的，子女必须继续履行赡养义务。

**3. 王秀芝的女儿可以以放弃继承为由拒绝赡养王秀芝吗？**

答：不可以，继承和赡养是两个不同的法律关系。继承是一项权利，赡养是一项义务，两者之间并不具有对等性和一致性。任何一个人对于自己享有的权利都是可以选择放弃的，比如对于继承权就可以放弃。如果继承人不想继承遗产，只要声明放弃就可以，这是法律允许的。

而义务则不然，义务是国家法律规定人们应当履行的，是不能放弃的。因此，本案中，王秀芝的女儿以放弃继承为由拒绝赡养显然是不会得到法律支持的。

## 律师点评

赡养关系是以特定的身份关系为基础的，与财产分配没有任何关系。只要存在法律上的父母子女关系，成年子女就必须履行赡养义务。财产分得的多寡不是决定子女应尽多少赡养义务的标准。父母有权自由处分自己的财产，即使父母未给子女一分一厘，子女仍要履行赡养义务。当然，在这个案例中，如果王秀芝同意，完全可以通过立遗嘱的形式重新对财产做出分配，王秀芝的女儿还是可以依据王秀芝最后形成的有效遗嘱来继承王秀芝的遗产的。

俗话说得好："家有一老如有一宝。"其实，老年人不仅对家庭来说是个宝，对国家、对社会来说也是一笔宝贵的财富。他们一生艰苦奋斗，为家庭、为社会都做出了很大的贡献。因此，我们每个人、每个家庭都应尊重、敬仰、关心和赡养老年人，确保他们在实现老有所养、老有所医、老有所乐的过程中，既能感受到来自子女的关心照料，还能感受到来自社会大家庭的温暖。妄图通过签订放弃继承权协议逃避赡养老人责任的行为，在法律上是不被允许的，同时在道德上也应当受到强烈的谴责。

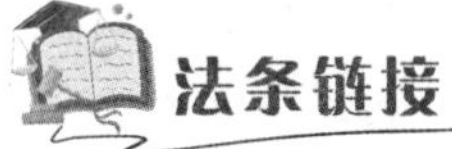


**《中华人民共和国民法典》**

第一千零六十七条　父母不履行抚养义务的，未成年子女或者不能独立生活的成年子女，有要求父母给付抚养费的权利。

成年子女不履行赡养义务的，缺乏劳动能力或者生活困难的父母，有要求成年子女给付赡养费的权利。

第一千一百二十四条　继承开始后，继承人放弃继承的，应当在遗产处理前，以书面形式作出放弃继承的表示；没有表示的，视为接受继承。

受遗赠人应当在知道受遗赠后六十日内，作出接受或者放弃受遗赠的表示；到期没有表示的，视为放弃受遗赠。

**《中华人民共和国老年人权益保障法》**

第十九条　赡养人不得以放弃继承权或其他理由，拒绝履行赡养义务。

赡养人不履行赡养义务，老年人有要求赡养人付给赡养费等权利。

赡养人不得要求老年人承担力不能及的劳动。

## 都是分家惹的祸

王慧芳和郭炳平结婚40多年，感情一直不错，膝下有两个儿子和一个女儿，儿女相继都有了自己的家庭。大儿子郭哲常年在北京工作，小儿子郭亮和女儿郭静都在济南成家。因为郭哲在外地没法经常照顾父母，于是，郭哲就和弟弟妹妹们商量，由郭亮照顾父母，自己和妹妹郭静每人每个月支付1000元的赡养费。但这一提议遭到了郭亮的反对，他认为父母当年分家时给自己分得最少，所以父母的赡养问题应当由哥哥和妹妹来负责。果然从那以后，郭亮就再也没有照顾过王慧芳和郭炳平。王慧芳和郭炳平都是由女儿郭静来照顾，大儿子郭哲每月支付1000元的赡养费。看到这种情形，王慧芳和郭炳平决定将自己住的房子赠与女儿，并办理了公证手续，但一直没有过户。几年后，王慧芳和郭炳平相继去世。在处理遗产时，郭哲、郭亮提出要共同继承父母的房子以及10万元存款，郭静深感不公，但不知道该如何处理。

**1. 小儿子郭亮以家产分配不均为由不赡养自己的父母，这样的做法合法吗？**

**答：**小儿子的行为是不合法的。从情理上讲，孝敬父母是中华民族的传统美德，不管基于什么样的理由，郭亮不赡养父母的做法都是不对的。从法律上讲，根据《中华人民共和国民法典》的规定，子女对父母有赡养的义务。《中华人民共和国老年人权益保障法》也明确规定，赡养人不得以放弃继承权或者其他理由拒绝履行赡养义务。因此，郭亮以分家不公为由不赡养父母的行为是违法的。

**2. 在这场家庭纠纷中还有一个问题，那就是小女儿郭静的困惑：父母的房子究竟该怎样处理？**

**答：**对于案例中这套房子，涉及赠与和继承两个法律关系。赠与是指赠与人把自己的财产无偿地送给受赠人，并且受赠人也同意并接受。而继承是指将死者生前的财产和其他合法权益转归有权取得该项财产的人所有的法律制度。王慧芳和郭炳平在生前就已经把房子赠与女儿郭静，并且还办理了公证手续，虽然还没有过户，但并不影响王慧芳、郭炳平和女儿之间的赠与合同的效力。因此，在王慧芳和郭炳平相继去世后，这套房子就不再属于遗产的范围，也就不能按照继承来处理了。女儿郭静在办理完过户手续之后，就能取得房子的所有权了。所以，两个儿子无权要求继承。

**3. 当初小儿子郭亮没有履行赡养父母的义务，那么现在他还有继承父母遗产的权利吗？**

**答：**《中华人民共和国民法典》规定，继承人遗弃被继承人的，或者虐待被继承人情节严重的，丧失继承权。但这里讲的“遗弃”是指成年子女不赡养无劳动能力或生活困难的父母，而且要达到情节严重的程度。在这个案例中，郭亮虽然没有尽到照顾父母的义务，但是他的行为还不构成遗弃，所以郭亮在法律上还是享有继承权的。

## 律师点评

子女赡养父母是法律明确规定的义务，不允许以任何理由推卸。父母有自由选择如何分配自己财产的权利，子女无权干涉。案例中，王慧芳夫妇无论对房子如何分配，三个子女都应当对父母尽到法定的赡养义务。小儿子郭亮的行为不构成遗弃，也不会因此丧失继承权，但是郭亮的行为应该受到其良心的谴责。乌鸦反哺、羊羔跪乳，赡养父母是每个子女义不容辞的责任，让父母安度晚年才不枉父母对子女的抚养和哺育。

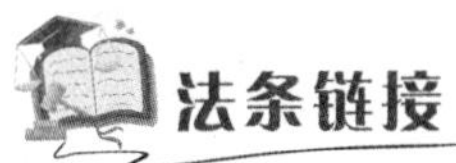

## 法条链接

**《中华人民共和国民法典》**

第一千一百二十五条　继承人有下列行为之一的，丧失继承权：

（一）故意杀害被继承人；

（二）为争夺遗产而杀害其他继承人；

（三）遗弃被继承人，或者虐待被继承人情节严重；

（四）伪造、篡改、隐匿或者销毁遗嘱，情节严重；

（五）以欺诈、胁迫手段迫使或者妨碍被继承人设立、变更或者撤回遗嘱，情节严重。

继承人有前款第三项至第五项行为，确有悔改表现，被继承人表示宽恕或者事后在遗嘱中将其列为继承人的，该继承人不丧失继承权。

受遗赠人有本条第一款规定行为的，丧失受遗赠权。

# 亲情的考验

## 案情简介

30岁的黄珊珊，已经成家生子。一天，她突然接到法院的传票，仔细一看是生父黄凤新要求自己给付医疗费与赡养费。其实，黄珊珊的生父母早在自己出生后不久就离了婚。离婚后，黄珊珊一直跟随母亲及继父生活，生父没有给过自己一分钱的抚养费，也从未看望过自己，这么多年来几乎是音讯全无。最近黄珊珊才得知，生父离婚后又再婚，但并没有生育子女，一直是做临时工作，现在年老了，干不动了，也没有退休金，除了享受每月400元的最低生活保障外，没有其他任何经济来源。现在生父患了胃癌，需要住院治疗，要求黄珊珊给10万元医疗费，并且每月支付赡养费800元。黄珊珊觉得，生父从未真正抚养过自己，而且自己现在不仅要赡养生母与继父，还要照顾自己的小家庭，压力实在太大。

## 温馨解答

**1. 在父亲没有尽到抚养义务的情况下，黄珊珊是否仍然需要履行赡养义务？**

答：需要。因为赡养父母是子女应尽的义务，子女不履行赡养义务时，无劳动能力的或生活困难的父母，有要求子女给付赡养费的权利。在这个案例中，黄珊珊生父年老体弱，丧失劳动能力，生活不能自理，并且身患癌症，黄珊珊理应尽赡养义务。尽管生父在黄珊珊未成年时未尽到抚养义务，但是这并不能免除黄珊珊对生父的赡养义务。

**2. 对于生父，黄珊珊该如何尽到赡养义务呢？**

答：黄珊珊赡养生父时除了要履行经济上供养的义务外，还要履行生活上照料和精神上慰藉的义务，照顾生父的特殊需要。也就是说，子女不仅要赡养父母，而且要尊敬父母，关心父母，对父母在家庭生活中的各方面给予扶助。当父母年老、体弱、病残时，更应妥善对他们加以照顾，使他们在感情上得到慰藉，安度晚年。

**3. 如果黄珊珊始终无法原谅生父，始终不愿意尽抚养义务，会有什么样的后果？**

答：黄珊珊的父亲有可能把黄珊珊起诉到法院，要求其履行赡养义务。人民法院在处理赡养纠纷时，应当坚持保护老年人的合法权益的原则，通过调解或者判决使子女依法履行赡养义务。负有赡养义务而拒绝赡养，情节恶劣构成遗弃罪的，还应当承担刑事责任。

## 律师点评

未曾照顾过女儿，多年后却突然出现在女儿面前的父亲已身患重病，需要女儿的帮助。虽然短时间内黄珊珊无法接受这样的现实，但是赡养父亲的义务是不容推卸的，即使父亲并没有尽到抚养子女的义务。虽然这样看似不公平，但从保护社会伦理及法律制度的角度来看，也应该如此处理。愿像黄珊珊这样的子女能多一些宽容，多一些理解，心甘情愿地照料父母，使他们安享晚年。另外，律师在此提醒广大儿女，赡养父母责任重大，不仅仅是给付赡养费这么简单。其实，父母晚年最需要的是儿女能够在生活上、精神上给予他们照顾。常回家看看成了这个时代背景下老年人对子女最大的渴望。让老年人晚年生活幸福，是每个儿女都应尽的义务。这份义务不以父母对自己的付出为交换条件，因为亲情、爱都是无价的。

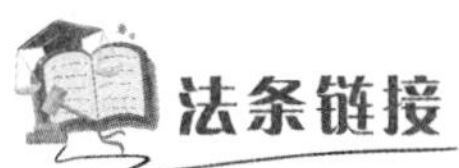

## 法条链接

**《中华人民共和国老年人权益保障法》**

第十五条　赡养人应当使患病的老年人及时得到治疗和护理；对经济困难的老年人，应当提供医疗费用。对生活不能自理的老年人，赡养人应当承担照料责任；不能亲自照料的，可以按照老年人的意愿委托他人或者养老机构等照料。

**《中华人民共和国民法典》**

第一千零六十七条　父母不履行抚养义务的，未成年子女或者不能独立生活的成年子女，有要求父母给付抚养费的权利。

成年子女不履行赡养义务的，缺乏劳动能力或者生活困难的父母，有要求成年子女给付赡养费的权利。

**《中华人民共和国刑法》**

第二百六十一条　对于年老、年幼、患病或者其他没有独立生活能力的人，负有扶养义务而拒绝扶养，情节恶劣的，处五年以下有期徒刑、拘役或者管制。

# 第三章
# 继承析产篇

# 第一节　遗　嘱

## 病床前的遗嘱

顾振娥的父亲于2015年年底去世。为防止将来发生争议，顾振娥的父亲在去世前立有遗嘱：其全部财产由顾振娥的母亲继承。顾振娥和两个弟弟尊重父亲的遗嘱，配合母亲办理了相关手续。然而顾振娥的母亲虽然继承了全部遗产，但终日沉浸在失去老伴的痛苦中，身体一天不如一天。2016年3月，顾振娥的母亲病危。在病床前，顾振娥的母亲口头立下遗嘱：将自己的全部财产交由女儿顾振娥继承，当时有4名医护人员在场见证。后经抢救，顾振娥的母亲转危为安，经治疗后出院，意识也很清楚。然而，2016年7月，顾振娥的母亲再次住院。这次并没有那么幸运，顾振娥的母亲经抢救无效死亡。料理完后事，顾振娥和两个弟弟就遗产继承发生了纠纷。顾振娥认为应当按照母亲的口头遗嘱，将全部财产交由自己继承；而两个弟弟则认为应当按照法定继承由姐弟三人共同继承母亲的遗产。

1. 对顾振娥母亲的遗产究竟应该按照遗嘱继承还是法定继承？

答：顾振娥的母亲在2016年3月第一次病危时所立的口头遗嘱是无效

的，因此在顾振娥的母亲去世后，应当按照法定继承，由顾振娥和两个弟弟共同继承母亲的遗产。

**2. 顾振娥的母亲在第一次病危时所立的口头遗嘱为什么是无效的？**

**答：**根据《中华人民共和国民法典》的规定，遗嘱人在危急情况下，可以立口头遗嘱。口头遗嘱要求必须有两个以上见证人在场见证。但是在危急情况解除后，遗嘱人能够用书面形式或者录音形式立遗嘱的，应该再采用书面或录音的形式将口头遗嘱的内容记录下来。如果没有采取后续的书面或录音形式进行记录，那么危急当时所立的口头遗嘱就无效了。

在这个案例中，顾振娥的母亲病危时口述遗嘱，属于法律规定的危急情况，当时有4个与继承人无利害关系的人当见证人，因此这份口头遗嘱在当时是有效的。如果顾振娥的母亲当时经抢救无效死亡，那么这份口头遗嘱当然生效，其遗产只能由顾振娥来继承。

可是，顾振娥的母亲在订立口头遗嘱后经抢救转危为安，后来病情好转出院了，而且意识清楚，可以正常生活了。这个时候显然具有了用书面或者录音形式再立遗嘱的能力。这表明法律规定的危急情况已经消除，顾振娥的母亲所立的口头遗嘱已经归于无效。

所以，对顾振娥母亲的遗产只能按法定继承办理，也就是由顾振娥和她的两个弟弟共同继承。

**3. 对于口头遗嘱，如何订立才能有效？**

**答：**遗嘱人在危急情况下可以立口头遗嘱，口头遗嘱应当有两个以上见证人在场见证。危急情况解除后，遗嘱人能够用书面或录音形式立遗嘱的，所立的口头遗嘱无效。

这个规定我们可以分三个层次来理解：

第一，口头遗嘱只能在危急情况下订立。也就是说，只有在不能以其他方式订立遗嘱的危急情况下才能订立口头遗嘱。

第二，如果危急情况解除，立遗嘱人恢复正常的，口头遗嘱失效，应当另用书面或者录音形式重新立下遗嘱。也就是说，只要危急情况解除了，不管是不是重新采用其他形式立遗嘱，当时所立的口头遗嘱都将失效。

第三，口头遗嘱必须有两个以上见证人在场见证才能有效。

**4. 对于见证人，我国法律有什么限制吗？**

**答：**除以下几类人不能作为口头遗嘱的见证人外，其他人都可以：

第一，无民事行为能力人、限制民事行为能力人以及其他不具有见证能力的人；

第二，继承人、受遗赠人；

第三，与继承人、受遗赠人有利害关系的人。

这里的“有利害关系的人”共有两类：

一是继承人或受遗赠人的近亲属，包括配偶、子女、父母、兄弟姐妹、祖父母、外祖父母、孙子女、外孙子女以及其他共同生活的家庭成员。二是与继承人有民事债权和债务关系的人，比如继承人、受遗赠人的债权人、债务人，共同经营的合伙人。这些人应当视为与继承人、受遗赠人有利害关系，不能作为遗嘱见证人。

律师在此提醒，遗嘱人转危为安后，应当尽量以书面或者录音形式另立遗嘱。否则，之前所立的口头遗嘱归于无效，遗嘱人的意愿将得不到实现。

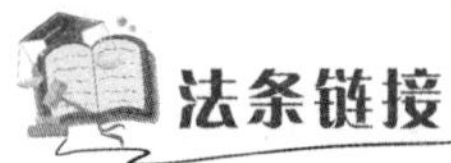

**《中华人民共和国民法典》**

第一千一百三十八条　遗嘱人在危急情况下，可以立口头遗嘱。口头遗嘱应当有两个以上见证人在场见证。危急情况消除后，遗嘱人能够以书面或者录音录像形式立遗嘱的，所立的口头遗嘱无效。

## 只因我是女儿身

王秀娣的父亲于2009年去世，生前未立遗嘱。王秀娣的母亲于2019年2

月去世，去世前立下遗嘱：家里的房子全部由王秀娣的哥哥继承。王秀娣对母亲的遗嘱有异议：一方面家里的房子是父母在世时共同买的（王秀娣的爷爷、奶奶、外公、外婆先于王秀娣的父母去世），母亲能单方面处理房子的归属问题吗？另一方面，母亲生前由自己和哥哥轮流照顾，为何母亲把唯一的遗产——房子全部留给哥哥，而一点都不给自己呢？难道在自己尽心尽力的照顾下，母亲还是保留着“家产传男不传女”的思想吗？无论如何也想不通的王秀娣遂找哥哥商量，要求继承房子的一半。哥哥以母亲立有遗嘱为由拒绝了王秀娣的要求，故王秀娣诉至法院。

## 温馨解答

**1. 王秀娣有继承房子的权利吗？**

**答：**王秀娣对本案中的房子是有继承权的，但需要注意的是，王秀娣可以继承的是她父亲的那一部分遗产。因为这套房子是王秀娣父母的夫妻共同财产，根据《中华人民共和国民法典》的相关规定，这套房子一半归王秀娣的父亲，另一半归王秀娣的母亲。对父亲的遗产，王秀娣有权继承。

**2. 王秀娣母亲立下遗嘱，将房子全部给王秀娣的哥哥继承，这份遗嘱有效吗？**

**答：**王秀娣母亲所立遗嘱部分有效，因为她没有权利处分王秀娣父亲的那部分遗产。

**3. 案例中的房子究竟该如何分割？**

**答：**这个案子涉及两个继承关系，即王秀娣的父亲死亡时产生的继承关系和王秀娣的母亲死亡时产生的继承关系。

王秀娣的父亲去世后并没有留下遗嘱，所以产生法定继承关系。根据《中华人民共和国民法典》第一千一百二十七条的规定，王秀娣的爷爷奶奶早年已经去世，王秀娣、王秀娣的母亲和王秀娣的哥哥是王秀娣父亲的第一顺位继承人，继承这个房子中属于王秀娣父亲的那一半。另根据《中华人民共和国民法典》第一千一百三十条的规定，同一顺序继承人继承遗产的份额，一般应当均等。也就是说，王秀娣、王秀娣的母亲、王秀娣的哥哥分别继承这套房屋的 1/6。

王秀娣的母亲去世后，因生前立了遗嘱，产生了遗嘱继承关系。但是王秀娣的母亲在其遗嘱中将房屋指定由王秀娣的哥哥一人继承，显然是处分了共有房屋中属于他人所有的部分。因而王秀娣母亲所立遗嘱部分有效，也就是说，房屋中属于王秀娣母亲所有的部分全部由王秀娣的哥哥继承，即房屋 1/2 产权加上王秀娣父亲遗产中其母亲应当继承的 1/6。所以，这个案例中，王秀娣可以继承这套房屋的 1/6，王秀娣的哥哥则继承这套房屋的 5/6。

**4. 应该如何确定法定继承和遗嘱继承的优先问题？**

答：根据《中华人民共和国民法典》第一千一百二十三条的规定，继承开始后，按照法定继承办理；有遗嘱的，按照遗嘱继承或者遗赠办理；有遗赠扶养协议的，按照协议办理。这在继承理论上称为“遗嘱在先”原则。由于遗嘱继承是被继承人生前对个人财产所做的处分，直接表达了被继承人的愿望，所以遗嘱继承的法律效力高于法定继承。但有以下几种例外情况：第一种，如果被继承人生前没有立遗嘱，或者遗嘱按法律规定被确认为无效，其遗产按照法定继承处理。第二种，如果被继承人在遗嘱中指定的只是遗产中的一部分，对于遗嘱中未处分的财产，可以按照法定继承方式，由法定继承人继承。第三种，当遗嘱继承人先于被继承人死亡或者遗嘱继承人放弃继承权时，遗嘱所指定的遗产可由法定继承人继承。

## 律师点评

关于遗嘱继承与法定继承效力优先问题，《中华人民共和国民法典》原则上规定，遗嘱继承优先于法定继承。律师在此重点提示，被继承人只能就个人财产订立遗嘱，遗嘱中处分他人财产的，该部分无效。如本案中，王秀娣的母亲处分了王秀娣父亲的部分遗产，而这部分遗产在王秀娣父亲未立遗嘱的情况下，是需要按照法定继承的程序由王秀娣父亲的所有继承人共同继承的。

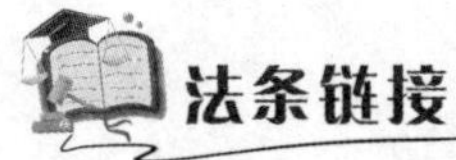

《中华人民共和国民法典》

第一千一百二十三条　继承开始后，按照法定继承办理；有遗嘱的，按照遗嘱继承或者遗赠办理；有遗赠扶养协议的，按照协议办理。

第一千一百二十六条　继承权男女平等。

第一千一百二十七条　遗产按照下列顺序继承：

（一）第一顺序：配偶、子女、父母；

（二）第二顺序：兄弟姐妹、祖父母、外祖父母。

继承开始后，由第一顺序继承人继承，第二顺序继承人不继承；没有第一顺序继承人继承的，由第二顺序继承人继承。

本编所称子女，包括婚生子女、非婚生子女、养子女和有扶养关系的继子女。

本编所称父母，包括生父母、养父母和有扶养关系的继父母。

本编所称兄弟姐妹，包括同父母的兄弟姐妹、同父异母或者同母异父的兄弟姐妹、养兄弟姐妹、有扶养关系的继兄弟姐妹。

第一千一百五十三条　夫妻共同所有的财产，除有约定的外，遗产分割时，应当先将共同所有的财产的一半分出为配偶所有，其余的为被继承人的遗产。

遗产在家庭共有财产之中的，遗产分割时，应当先分出他人的财产。

## 多份遗嘱的困惑

老李如今已经65岁，他奋斗一生，积累了一定的财富。在人生的最后旅程里，老李为使财富和相关事务得以妥善安排，于2018年秋在当地公证处立下一份遗嘱，明确自己去世后全部财产由大儿子李诚继承。一年后，老李在体检中查出患有血癌。在无特效药治疗的情况下，老李的身体一天不如一天。2019 年 3 月，躺在病床上的老李让 15 岁的孙子李康帮助草拟遗嘱。孙子李康根据爷爷的口述通过手头上的平板电脑进行编辑，最后形成了遗嘱的电子版。老李在遗嘱中表示，自己去世后全部财产由二儿子李嘉继承。李康最后通过医院的打印机将遗嘱打印成书面形式，老李核对无误后在打印好的遗嘱上签字写日期并按手印，以上立遗嘱的全过程由李康见证并签字写日期。后来，小女儿努力为老李觅得治疗偏方，老李病情大为好转，可以出院并正常生活了。在一切回归风平浪静以后，老李于 2021 年 1 月书写了一份遗嘱，表示将来自己去世后全部财产由精心照顾自己的小女儿李冉继承。

## 温馨解答

**1. 老李于 2019 年 3 月在医院由孙子李康帮助所立的遗嘱是否有效？**

答：老李在医院所立遗嘱属于打印遗嘱。根据我国法律关于打印遗嘱的相关规定，打印遗嘱必须由两个以上见证人在场见证，并且应当在遗嘱的每一页签名和注明年、月、日。同时，无民事行为能力人、限制民事行为能力人不能作为遗嘱见证人。老李的孙子李康年仅 15 岁，属于限制民事行为能力人，亦无法作为有效见证人，故老李于 2019 年 3 月所立遗嘱依法无效。

**2. 老李先后立下三份遗嘱，最终以哪份遗嘱为准？老李去世后遗产由谁继承？**

答：根据我国法律规定，公民立有数份遗嘱的，内容相抵触的，以最后的遗嘱为准。老李于 2021 年 1 月所立遗嘱属于自书遗嘱，依法有效，故以老李于 2021 年 1 月所立遗嘱为准。老李去世后，其全部遗产应当按照遗嘱由小女儿李冉继承。

## 律师点评

《中华人民共和国民法典》于 2021 年 1 月 1 日正式实施，民法典继承编排除了公证遗嘱效力的优先性，并规定公民立有数份遗嘱的，以最后的遗嘱为准。此外，相比原继承法的规定，民法典还新增打印遗嘱、录音录像遗嘱的遗嘱形式，并对此两类遗嘱的形式要件做了相当严格的规定。律师在此提醒大家，公民立遗嘱应当慎重，必要时应委托专业的律师帮助订立遗嘱，使所立遗嘱符合法律规定，避免将来被认定为无效。

**《中华人民共和国民法典》**

第一千一百三十六条　打印遗嘱应当有两个以上见证人在场见证。遗嘱人和见证人应当在遗嘱每一页签名，注明年、月、日。

第一千一百四十条　下列人员不能作为遗嘱见证人：

（一）无民事行为能力人、限制民事行为能力人以及其他不具有见证能力的人；

（二）继承人、受遗赠人；

（三）与继承人、受遗赠人有利害关系的人。

第一千一百四十二条　遗嘱人可以撤回、变更自己所立的遗嘱。

立遗嘱后，遗嘱人实施与遗嘱内容相反的民事法律行为的，视为对遗嘱相关内容的撤回。立有数份遗嘱，内容相抵触的，以最后的遗嘱为准。

# 第二节　法定继承

## 缺失的母爱

张强是一位物流公司的货车司机，在一次货运过程中因为疲劳驾驶不幸发生车祸，当场死亡。张强所在的物流公司向张强的家人支付了 50 万元的赔偿金。在张强的妻子王娟料理完张强的后事后没几天，张强的亲生母亲施华云提出，自己作为张强的亲生母亲应该继承张强的遗产。原来，在张强 8 个月大的时候，张强的亲生母亲施华云就把他送给别人当养子，张强是由养父母抚养成人的（办理了收养手续）。但是张强平时与施华云也有来往，生前对施华云也非常照顾，于是，施华云觉得自己理应享有继承儿子遗产的权利。但是，张强的妻子王娟很不认可，觉得施华云没有尽到做母亲的责任，她这样做完全是为了钱，所以王娟坚决不同意施华云的要求。两人闹得不可开交，诉至法院。

### 温馨解答

1. 张强的亲生母亲施华云要求继承张强的遗产，她的要求合法吗？

答：施华云的要求不合法。一般来说，母亲作为第一顺位继承人，是有权利继承自己子女的遗产的。但是这个案例中出现了一个特殊情况，那就是张强的亲生母亲在张强小的时候就把他送给了别人抚养，而且还办理了相关的收养手续。根据《中华人民共和国民法典》的规定，自收养成立之日起，张强和他的亲生母亲施华云就不再是法律上的母子关系了，所以施华云没有权利继承张强的遗产，施华云的要求是不合法的。

**2. 张强的养父母有权利继承张强的遗产吗？**

**答：**是的。亲生父母和子女的关系自收养成立之日起就消除了，那么养父母和养子女的关系自然也是从收养成立之日起建立。在这个案例中，从在民政部门办理收养关系之日起，张强和他的养父母就成了法律意义上的父母子女关系，相互间有继承的权利，所以张强的养父母有权利继承张强的遗产。

**3. 张强去世后，他的妻子王娟有没有义务照顾施华云？**

**答：**张强的妻子王娟没有义务照顾施华云。因为法律并没有规定儿媳对公婆有赡养义务，法律规定的仅仅是儿媳有协助丈夫赡养公婆的义务。对于张强生前不计前嫌照顾施华云，由于法律并不禁止养子女对亲生父母尽孝，所以也是可以的，但这种照顾并不能转嫁到王娟身上。当然，如果王娟愿意赡养施华云，法律也是不禁止的，且在道义上是提倡的。

## 律师点评

《中华人民共和国民法典》明确规定，配偶、子女、父母是法定继承中的第一顺序继承人。上述规定中的父母包括生父母、养父母和有抚养关系的继父母。但是案例当中张强已经被母亲送给他人收养，并且办理了合法的收养手续。自收养关系成立之日起，施华云与张强的权利义务关系消除。因此，施华云便不能作为张强的第一顺序继承人要求继承张强的遗产。律师在此提醒大家，收养关系成立后对亲生父母子女之间的权利义务关系会产生一定的影响，如继承、赡养、抚养关系会发生一定的变化。但从情理来讲，子女在对养父母尽赡养义务的同时，也应该尽自己所能对亲生父母进行照顾及探望。

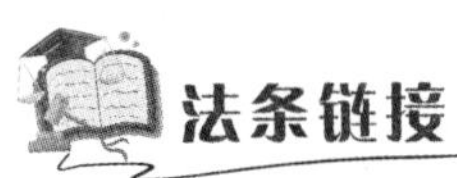

《中华人民共和国民法典》

第一千一百零五条　收养应当向县级以上人民政府民政部门登记。收养关系自登记之日起成立。

收养查找不到生父母的未成年人的，办理登记的民政部门应当在登记前予以公告。

收养关系当事人愿意签订收养协议的，可以签订收养协议。

收养关系当事人各方或者一方要求办理收养公证的，应当办理收养公证。

县级以上人民政府民政部门应当依法进行收养评估。

第一千一百一十一条　自收养关系成立之日起，养父母与养子女间的权利义务关系，适用本法关于父母子女关系的规定；养子女与养父母的近亲属间的权利义务关系，适用本法关于子女与父母的近亲属关系的规定。

养子女与生父母以及其他近亲属间的权利义务关系，因收养关系的成立而消除。

## 谁是房屋的主人

张冉是一名普通的国企职工，平日里对父母很孝顺。2005 年，张冉父母的单位进行公房改革，要求职工购买自己居住的房屋。在折算工龄后，张冉的父母还需要支付 4 万元的房款。因为钱不够，所以张冉父母对自己的儿子和女儿说，这次购房谁出钱，以后这房子就归谁。当时，张冉的两个哥哥都不愿出钱购买这套房子。张冉经过几番考虑后，决定出钱购房，但父母单位有规定，这套房子是按扣减他们工龄后的优惠价购买的，所以房产证上只能登记自己父母的名字，张冉也没在意。现在，张冉的父母相继去世了，张冉想要把以前帮父母购买的那套公房过户到自己名下。可令张冉感到意外的是，在房子过户时需要两个哥哥签字同意放弃继承这套房产，而两个哥哥都不签字，还说房产证上写的是父母的名字，而且是折算父母工龄后购买的，他们希望按市场价减去4万元购房款后均分继承这套房子。张冉觉得，这套公房是自己出钱买的，而且当初说好谁出钱房子就归谁，现在理应由自己独自继承。于是，张冉将自己的两个哥哥告上法庭。

## 温馨解答

**1. 张冉能否单独继承父母的这套公房呢？**

答：张冉不能单独继承这套房产。由张冉出资购买的这套公房登记在张冉父母的名下，并且折算了张冉父母二人的工龄，因而这套房产属于张冉父母的夫妻共同财产。张冉父母去世后，在没有遗嘱和书面权属约定的情况下，张冉和她的两个哥哥对这套房屋享有平等的继承权。

**2. 当初购房的时候，张冉的父母表示，这次购房谁出钱，以后房子就是谁的。难道这样的约定也不算数吗？**

答：张冉的父母确实说过哪个子女出钱购房，以后房子就归哪个子女，但这仅仅是口头表示，并没能形成书面协议或者有效遗嘱。因此，张冉所支付的4万元房款只能作为债权来处理。在处理这套房产时，张冉可以在房屋价值中扣除相应的本金和适当的利息后，与自己的两个哥哥平均分割房产。

## 律师点评

公房的购买因为政策的规定而具有特殊性，但是在房改完成后其继承的相关问题还是要依据《中华人民共和国民法典》的相关规定处理。案例中的公房虽然由张冉提供资金购买，但房屋的所有人仍然是张冉的父母，这套房子仍然是张冉父母的夫妻共同财产。所以这套房产发生继承时，除非张冉父母另有遗嘱，否则应当按照法定继承来处理，张冉的两个哥哥也是有继承份额的。

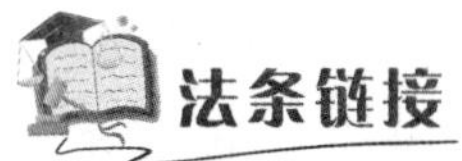


**《中华人民共和国民法典》**

第三百二十三条　用益物权人对他人所有的不动产或者动产，依法享有占有、使用和收益的权利。

第一千一百二十七条　遗产按照下列顺序继承：

（一）第一顺序：配偶、子女、父母；

（二）第二顺序：兄弟姐妹、祖父母、外祖父母。

继承开始后，由第一顺序继承人继承，第二顺序继承人不继承；没有第一顺序继承人继承的，由第二顺序继承人继承。

本编所称子女，包括婚生子女、非婚生子女、养子女和有扶养关系的继子女。

本编所称父母，包括生父母、养父母和有扶养关系的继父母。

本编所称兄弟姐妹，包括同父母的兄弟姐妹、同父异母或者同母异父的兄弟姐妹、养兄弟姐妹、有扶养关系的继兄弟姐妹。

## 儿媳的继承权

王秀兰已经70多岁了，她早年丧偶，一辈子辛辛苦苦把儿子和女儿拉扯大，儿子和女儿现在都已经成家。王秀兰和儿子、儿媳、孙子一起生活。由于有着传统的“重男轻女”的思想，儿子又非常孝顺，王秀兰就想自己去世后把财产都留给儿子。女儿也明白母亲的心思，所以心里一直愤愤不平。后来，儿子因为车祸去世了，儿媳在伤心之余，也不忘继续照料婆婆的起居生活，一直没有再婚。王秀兰的女儿认为哥哥已经去世，母亲的财产将来会留给侄子和自己，嫂子作为这个家的“外人”无权继承母亲的财产。因此，她不仅不好好赡养王秀兰，而且还总是因为财产继承的问题到娘家吵闹，甚至辱骂自己的嫂子，多次要求母亲将嫂子这个“外人”扫地出门。后来，王秀兰生病去世，留下了自己攒的10万元存款。王秀兰的女儿回来要求继承母亲的10万元遗产，而王秀兰的儿媳坚决不同意，双方争执不下，诉至法院。

## 温馨解答

**1. 王秀兰去世后，她的儿媳对其遗产有继承权吗？**

答：王秀兰的儿媳是有继承权的。根据《中华人民共和国民法典》的规定，丧偶儿媳对公婆尽了主要赡养义务的，可以作为第一顺位继承人，继承公婆的遗产。案例中的王秀兰在儿子去世后，一直都由儿媳照料，所以在王秀兰去世后，她的儿媳可以作为第一顺序继承人继承王秀兰的遗产。

**2. 这个案例中的遗产具体应该如何继承？**

答：根据《中华人民共和国民法典》的规定，继承的顺序是遗赠扶养协议、遗嘱、法定继承。在这个案例中，不存在遗赠扶养协议和遗嘱，因此按照法定继承，由王秀兰的第一顺位继承人来继承王秀兰的遗产。结合案例的情况，王秀兰的父母、配偶、儿子都已去世，那么现在王秀兰的第一顺位继承人里面就只有她的女儿一个人了。但由于王秀兰的儿媳对王秀兰尽了主要赡养义务，因此儿媳也是第一顺位继承人。另外，由于王秀兰的儿子去世，王秀兰的孙子就可以行使代位继承权，代替自己的父亲继承奶奶的遗产，所以王秀兰的10万元存款原则上由女儿、儿媳和孙子来平均继承。但由于本案中王秀兰的女儿有赡养照顾能力却未对王秀兰进行赡养照顾，因此，在分配遗产时应当少分或者不分。

**3. 什么是代位继承？**

答：《中华人民共和国民法典》中规定的代位继承，是指被继承人的子女、兄弟姐妹先于被继承人死亡时，由被继承人子女、兄弟姐妹的晚辈直系血亲代替先死亡的长辈直系血亲来继承被继承人的遗产。在这个案例中，王秀兰的儿子先于王秀兰去世，那么在王秀兰去世之后，应该由儿子继承的那份遗产就由王秀兰的孙子来代替儿子继承，这就是代位继承。

## 律师点评

很多丧偶的女性在丈夫去世后并没有选择再婚，而是继续照顾在世的公婆和孩子。但是，许多接受儿媳赡养照顾的公婆并没有意识到将来自己所留遗产儿媳也有权继承。在这个案例中，王秀兰老人的女儿就是因为不懂法，误以为嫂子这个“外人”没有继承权，无论自己怎么对待母亲，作为母亲唯一在世的子女，自己都有继承权，却聪明反被聪明误，最终为不尽赡养义务而付出“不分或少分”遗产的代价。

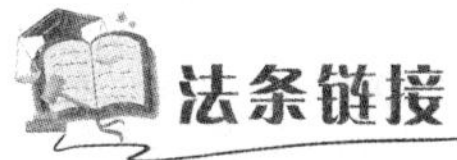

## 法条链接

**《中华人民共和国民法典》**

第一千一百二十八条　被继承人的子女先于被继承人死亡的，由被继承人的子女的直系晚辈血亲代位继承。

被继承人的兄弟姐妹先于被继承人死亡的，由被继承人的兄弟姐妹的子女代位继承。

代位继承人一般只能继承被代位继承人有权继承的遗产份额。

第一千一百二十九条　丧偶儿媳对公婆，丧偶女婿对岳父母，尽了主要赡养义务的，作为第一顺序继承人。

第一千一百三十条　同一顺序继承人继承遗产的份额，一般应当均等。

对生活有特殊困难又缺乏劳动能力的继承人，分配遗产时，应当予以照顾。

对被继承人尽了主要扶养义务或者与被继承人共同生活的继承人，分配遗产时，可以多分。

有扶养能力和有扶养条件的继承人，不尽扶养义务的，分配遗产时，应当不分或者少分。

继承人协商同意的，也可以不均等。

# 再婚夫妻情比金坚

## 案情简介

吴慧和张顺利是一对再婚的夫妻，结婚20多年，感情一直很好。现在老两口都已退休，生活上互相照顾，不依赖子女，日子过得无忧无虑。可天有不测风云，2019年6月，张顺利突发脑溢血去世。老伴的突然离开对吴慧的打击很大，可接下来，令吴慧气愤的事情接踵而来。张顺利的女儿找到吴慧，要求吴慧尽快搬家，自己要继承父亲的房产——吴慧和张顺利居住的那套房子，房子是张顺利婚前买的。吴慧想起以前自己和老伴在一起的日子，不禁泪流满面，而张顺利的女儿从结婚后就很少回家看望父亲。想来想去，吴慧决定拿出房子的房产证，房产证上赫然写着吴慧一个人的名字。原来，张顺利怕自己哪天不在了，老伴没处安身，就早早地跟老伴商量，自己放弃房子的所有权，将房屋过户到吴慧一人的名下。

## 温馨解答

**1. 张顺利的女儿是否有权继承父亲的遗产？**

答：在讨论继承问题的时候，首先要看被继承人是否生前留有遗嘱，在有生效遗嘱的情况下，要尊重被继承人的意思表示，按照遗嘱的约定继承。如果被继承人没有立遗嘱，就按照法定继承，被继承人去世后，由第一顺序继承人继承被继承人的遗产。因此，本案中，张顺利的妻子和女儿都有继承权。

**2. 吴慧觉得张顺利的女儿在张顺利生前很少回家看望张顺利，一直以来，都是吴慧自己照顾张顺利。在这种情况下，张顺利的女儿是否还能继承父亲的遗产？**

答：《中华人民共和国民法典》规定，只有在故意杀害被继承人，为争夺遗产而杀害其他继承人，伪造、篡改遗嘱，遗弃、虐待被继承人等情节严重的情况下，才丧失继承权。另外，有赡养能力，但不尽赡养义务的继承人，在继承遗产时，应当不分或者少分。因此，虽然张顺利的女儿对张顺利没有尽到赡养义务，但还不至于丧失继承权，但在继承遗产时应当不分或者少分。

**3. 张顺利的女儿要求自己继承父亲的那套房子，这样的要求是否合法？**

答：不合法。如果这套房子是张顺利的婚前财产，作为遗产来分割是没有问题的。但是根据案例的情况，张顺利在生前已经通过协议的形式，自愿放弃了对房屋的所有权，并已经将房产变更登记在吴慧自己的名下。因此，案例中的这套房子现在的所有权人是吴慧，张顺利的女儿无权要求继承这套房子。

## 律师点评

半路夫妻恩怨多，像案例中张顺利与吴慧这样虽是再婚却情比金坚的情况，着实让人感动。张顺利的房产虽是再婚前的人个财产，但其享有完全的处分权，其自愿将房产赠与吴慧的行为受法律保护。张顺利的女儿虽心里无法接受，但也应尽量理解和尊重父亲的意愿。

## 法条链接

**《中华人民共和国老年人权益保障法》**

第十八条　家庭成员应当关心老年人的精神需求，不得忽视、冷落老年人。

与老年人分开居住的家庭成员，应当经常看望或者问候老年人。

用人单位应当按照国家有关规定保障赡养人探亲休假的权利。

第二十二条　老年人对个人的财产，依法享有占有、使用、收益和处分的权利，子女或者其他亲属不得干涉，不得以窃取、骗取、强行索取等方式侵犯老年人的财产权益。

老年人有依法继承父母、配偶、子女或者其他亲属遗产的权利，有接受赠与的权利。子女或者其他亲属不得侵占、抢夺、转移、隐匿或者损毁应当由老年人继承或者接受赠与的财产。

老年人以遗嘱处分财产，应当依法为老年配偶保留必要的份额。

# 侄女的继承权

## 案情简介

张磊因早年发生车祸，落下腿部残疾，行动不便，后一直未娶妻生子。张磊父母早逝，无儿无女，一直跟随哥嫂一家生活，平日里打点零工赚钱贴补家用。但天不遂人愿，张磊的大哥在一次火灾中去世，留下侄女张慧和大嫂相依为命。大哥去世后，张磊悲痛万分，身体也每况愈下。自 2017 年以后，张磊一直卧病在床，生活起居全部都是由侄女张慧照料。2020 年 12 月，张磊所在村进行综合整治，按照村里的拆迁政策，张磊与拆迁指挥部签订拆迁安置补偿协议一份，按照协议可获得拆迁款 180 万元。但刚刚签完拆迁协议后一个多月的时间，张磊就因病去世。

## 温馨解答

**张磊去世后，张磊个人依法应得拆迁利益应如何继承?**

答：张磊去世后，在张磊生前没有立遗嘱的情况下，其个人依法应得的拆迁利益及其名下全部遗产按照法定继承，由张磊的侄女张慧进行继承。

根据《中华人民共和国民法典》的规定，继承开始后，按照法定继承办理；有遗嘱的，按照遗嘱继承或者遗赠办理；有遗赠扶养协议的，按照协议办理。张磊去世前未留遗嘱，所以本案应当由张磊的法定继承人进行继承。因张磊父母早逝，无儿无女，且唯一的大哥已经去世，根据民法典的规定，张磊的大哥作为第二顺位继承人可以参加继承，第二顺位继承人兄弟姐妹已经先于被继承人去世的，兄弟姐妹的子女可以作为法定继承人代位继承，即在本案中，张磊的大哥先于张磊去世的情况下，张磊大哥的子女即张磊的侄女张慧依法作为法定继承人继承张磊的遗产。

## 律师点评

《中华人民共和国民法典》于2021年1月1日正式实施，在民法典正式实施以前，我国继承法所规定的代位继承，仅指被继承人的子女先于被继承人死亡的，由被继承人的子女的晚辈直系血亲代位继承。而《中华人民共和国民法典》正式实施以后，对代位继承的范围扩大到被继承人的兄弟姐妹，即被继承人的兄弟姐妹先于被继承人死亡的，由被继承人的兄弟姐妹的子女代位继承。但此处的兄弟姐妹是作为第二顺位继承人进行的继承。在第一顺位继承人父母、子女、配偶中有任何一个可以继承的情况下，第二顺位继承人便无法继承。

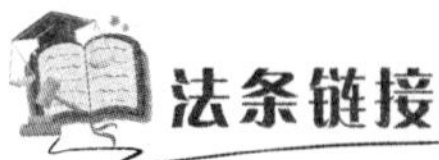

## 法条链接

**《中华人民共和国民法典》**

第一千一百二十七条　遗产按照下列顺序继承：

（一）第一顺序：配偶、子女、父母；

（二）第二顺序：兄弟姐妹、祖父母、外祖父母。

继承开始后，由第一顺序继承人继承，第二顺序继承人不继承；没有第一顺序继承人继承的，由第二顺序继承人继承。

本编所称子女，包括婚生子女、非婚生子女、养子女和有扶养关系的继子女。

本编所称父母，包括生父母、养父母和有扶养关系的继父母。

本编所称兄弟姐妹，包括同父母的兄弟姐妹、同父异母或者同母异父的兄弟姐妹、养兄弟姐妹、有扶养关系的继兄弟姐妹。

第一千一百二十八条　被继承人的子女先于被继承人死亡的，由被继承人的子女的直系晚辈血亲代位继承。

被继承人的兄弟姐妹先于被继承人死亡的，由被继承人的兄弟姐妹的子女代位继承。

代位继承人一般只能继承被代位继承人有权继承的遗产份额。

# 第三节　遗赠扶养协议

## 形同虚设的遗赠扶养协议

廖红自小被养母廖珠云收养，母女二人相依为命。廖红非常争气，在大学期间获得了出国深造的机会。但是廖珠云在收养廖红时已经40多岁了，如今更是白发苍苍，廖红不忍心留下她老人家独自在国内而自己远走他乡。本打算放弃的廖红在养母廖珠云的鼓励下，最终还是去了国外。临行前，廖红为了让母亲能老有所依，便建议母亲与相处十几年的邻居方华签订遗赠扶养协议，约定方华负责廖珠云的生养死葬，廖珠云去世后，全部财产归方华所有。协议签订后，方华开始照料廖珠云。看到养母有人照顾，廖红放心地离开了。2018年，廖珠云去世，廖红回家奔丧，发现家里乱七八糟，就像很久没有人居住一样。心有怀疑的廖红经多方打听，发现自己走后邻居方华根本没照顾养母廖珠云，廖珠云一直是自己生活，偶尔有居委会的人前来帮忙照顾。知道这些之后，廖红遂起诉至法院，要求取消方华接受养母廖珠云遗产的权利。

### 温馨解答

**1. 遗赠扶养协议和遗嘱有什么区别？**

答：遗赠扶养协议是财产所有人与扶养人约定的，生前由扶养人对财产

所有人尽赡养义务，待财产所有人死后将财产赠与扶养人的行为。扶养人不尽赡养义务的，不能取得遗产。遗赠扶养协议是双方法律行为，双方意思表示一致才能成立。另外需要注意的是，遗赠扶养协议不能发生在法定继承人和被继承人之间，因为法定继承人对被继承人的赡养义务是法定的，不能通过遗赠扶养协议来约定。而遗嘱是单方法律行为，立遗嘱人死亡后，遗嘱即发生法律效力，继承人不需要在被继承人生前尽任何义务，单凭遗嘱内容就能继承被继承人的遗产。被继承人生前与他人订有遗赠扶养协议，同时又立有遗嘱的，继承开始后，如果遗赠扶养协议与遗嘱有抵触，按遗赠扶养协议处理，与协议抵触的遗嘱全部或部分无效。

**2. 方华对廖珠云没有尽到扶养义务，她还能取得廖珠云的遗产吗？**

答：根据《中华人民共和国民法典》第一千一百四十四条的规定，遗嘱继承或者遗赠附有义务的，继承人或者受遗赠人应当履行义务。没有正当理由不履行义务的，经利害关系人或者有关组织请求，人民法院可以取消其接受附义务部分遗产的权利。因此，如果经法院查证方华确实没有对廖珠云尽到扶养义务，人民法院可以剥夺方华的受遗赠权，那么方华就不能取得廖珠云的遗产。

**3. 方华对廖珠云没尽到扶养义务，廖红也没有对廖珠云尽到赡养义务，廖红的继承权会受影响吗？**

答：根据《中华人民共和国民法典》第一千一百二十五条的规定，继承人丧失继承权的情形有以下几种：一是故意杀害被继承人；二是为争夺遗产而杀害其他继承人；三是遗弃被继承人，或者虐待被继承人情节严重；四是伪造、篡改、隐匿或者销毁遗嘱，情节严重；五是以欺诈、胁迫手段迫使或者妨碍被继承人设立、变更或者撤回遗嘱，情节严重。从本案来看，廖红并不存在以上几种情形，且廖红虽没有一直陪在廖珠云身边尽赡养义务，但她已经做出妥善安排。因此，廖红可以继承廖珠云的遗产。

## 律师点评

《中华人民共和国民法典》规定了遗赠扶养协议的效力优先于遗嘱的效力，鼓励有能力负担孤独老人生活起居的受遗赠人，对与自己无血缘关系的老人进行赡养，待老人去世后便可以通过遗赠扶养协议获得老人的遗产。但是，在被继承人生前，受遗赠人应当对其进行妥善照顾，被继承人死后，受遗赠人还负有死葬的义务。没有正当理由不履行这些义务的，受遗赠人将丧失继承权。另外，被继承人的法定继承人是无权与被继承人签订遗赠扶养协议的，因为赡养照顾父母是子女的法定义务。

**《中华人民共和国民法典》**

第一千一百四十四条　遗嘱继承或者遗赠附有义务的，继承人或者受遗赠人应当履行义务。没有正当理由不履行义务的，经利害关系人或者有关组织请求，人民法院可以取消其接受附义务部分遗产的权利。

第一千一百五十八条　自然人可以与继承人以外的组织或者个人签订遗赠扶养协议。按照协议，该组织或者个人承担该自然人生养死葬的义务，享有受遗赠的权利。

**《最高人民法院关于适用〈中华人民共和国民法典〉继承编的解释（一）》**

第二十九条　附义务的遗嘱继承或者遗赠，如义务能够履行，而继承人、受遗赠人无正当理由不履行，经受益人或者其他继承人请求，人民法院可以取消其接受附义务部分遗产的权利，由提出请求的继承人或者受益人负责按遗嘱人的意愿履行义务，接受遗产。

## 和保姆的约定

王贵荣和老伴风风雨雨几十年，购置了三处房产，膝下有一儿一女，儿子、女儿均已成家。2000 年，王贵荣的老伴因病去世，去世前留下遗嘱：全部遗产由王贵荣继承。老伴去世之后，王贵荣独自一人居住，儿子、女儿只是偶尔前来探望。2006 年，一向身体健康的王贵荣中风瘫痪在床。一开始，儿子、女儿轮流尽心伺候，可时间一长，两人都不耐烦了。经过商量，儿子、女儿为王贵荣请了一个保姆小晴。小晴心地善良，干活勤快，深得王贵荣喜欢。自从有了小晴照顾王贵荣，儿子、女儿便很少露面，有时一个月也不去探望王贵荣一次。王贵荣很是伤心，于是便和小晴签订了一份协议，约定小晴负责为王贵荣养老送终，王贵荣去世后，全部遗产由小晴继承。此后，小晴更加尽心尽力地照顾王贵荣，直到2017年王贵荣去世。办理完王贵荣的后事，儿子、女儿开始忙于处理遗产问题。就在这个时候，小晴拿出了她和王贵荣签订的协议，要求三套房产全部归自己所有。王贵荣的儿子和女儿看到协议很吃惊，他们一致认为，自己才是王贵荣的继承人，房屋应当由他们两人来继承。双方争执不下，诉至法院。

**1. 王贵荣和保姆小晴签订的这份协议在法律上属于什么性质？有效吗？**

答：根据协议的内容来看，王贵荣和保姆小晴签订的这份协议在法律上叫遗赠扶养协议。根据《中华人民共和国民法典》的规定，遗赠扶养协议是指遗赠人和扶养人之间订立的关于扶养人承担遗赠人的生养死葬义务，遗赠人将自己所有的财产遗赠给扶养人的协议。

对于这类协议，只要是双方的真实意思表示，所处置的财产确实是遗赠人自己的财产，那么一般都是有效的。根据本案例的情况，王贵荣和小晴签订的这份遗赠扶养协议是有效的。

**2. 王贵荣老人的遗产究竟应当由谁继承？**

答：王贵荣老人的遗产应当按照王贵荣与保姆小晴签订的遗赠扶养协议由小晴来继承，而不应按照法定继承由他的子女继承。因为从法律上讲，子女确实是第一顺位继承人，但这里有一个前提，那就是遗产需要按照法定程序来分配，也就是说按照遗赠扶养协议、遗嘱、法定继承的顺序来依次继承遗产。在各种继承方式并存的情况下，应当首先执行遗赠扶养协议，其次是遗嘱，最后才是法定继承。在这个案例中，由于存在王贵荣和小晴之间签订的遗赠扶养协议，因此，王贵荣的遗产应当按照这份协议来分配，三套房产全部归小晴所有。

**3. 如果老人与他人签订了遗赠扶养协议，其子女就可以免除赡养义务吗？**

答：不可以。遗赠扶养协议签订后，遗赠人和子女之间的权利义务关系并不因此而解除，子女对自己的父母仍然有赡养扶助的义务。

## 律师点评

许多空巢老人在子女不能尽赡养照顾义务时，并不寄希望于去养老机构安享晚年，而是选择与他人签订遗赠扶养协议，由受遗赠人照顾自己。律师在此提醒大家，在签订遗赠扶养协议时，应当注意以下几个问题：

第一，遗赠扶养协议的主体一般有限制。遗赠人只能是公民，扶养人必须是法定继承人以外的人，当然也可以是其他组织或单位，比如居委会、民政部门或其他公益组织，但是必须具有扶养能力和扶养条件。

第二，遗赠扶养协议必须是书面形式，双方都要在协议上签字摁手印，而且要一式两份，双方各保留一份。

第三，协议中应当写明遗赠财产的名称、数量、处所，并提供有效的证明文件。还应当写明扶养内容，也就是如何扶养老人及扶养的期限等。

第四，遗赠扶养协议一经签订，双方必须认真遵守协议的各项规定。遗赠人对协议中指明的财产，在其生前可以占有、使用，但不能处分。如果遗赠的财产因此而灭失，扶养人有权要求解除遗赠扶养协议，并要求补偿已经支出的扶养费用。那么相应的，扶养人也必须要认真履行扶养义务。如果扶养人不尽扶养义务，或者以非法手段谋取被扶养人的财产，经被扶养人的亲属或有关单位请求，人民法院可以剥夺扶养人的受遗赠权。

另外，即使老年人因为种种原因与他人订立了遗赠扶养协议，老年人的子女对老年人仍有法定的赡养义务。

## 法条链接

**《中华人民共和国民法典》**

第一千一百五十八条　自然人可以与继承人以外的组织或者个人签订遗赠扶养协议。按照协议，该组织或者个人承担该自然人生养死葬的义务，享有受遗赠的权利。

# 第四章
## 劳动保护篇

# 第一节　试用期

## 非全日制用工有试用期吗

2014 年 7 月，已经取得注册会计师资格证的肖云与某商贸公司签订了为期两年的非全日制用工劳动合同，她每天的工作就是协助商贸公司的会计做出商贸公司一天的账目明细，公司按照每小时 100 元的标准向她支付劳动报酬。在肖云与商贸公司签订劳动合同时，公司以岗位专业性、技术性较强为由，规定合同签订后前三个月为试用期，工资为每小时 80 元。肖云认为这家商贸公司实力较强，站在长期合作的角度上自己也不会吃亏，于是对公司的规定也没提异议。在接下来的工作中，肖云都按照商贸公司的需求每日整理账目，工作进行得有条不紊，也得到了大家的一致认可。后来，肖云从公司的一名老会计那里得知，像她这样的情况不需要安排试用期。于是，肖云找到商贸公司，要求其按照正常的工资标准补足试用期间的工资差额，并要求商贸公司支付经济补偿金。商贸公司则以双方协商一致，且签订了书面的劳动合同为由拒绝了肖云的要求。

## 温馨解答

**1. 商贸公司与肖云签订非全日制劳动合同，可以约定试用期吗？**

答：根据《中华人民共和国劳动合同法》的相关规定，商贸公司与肖云签订的是非全日制劳动合同，法律规定此类劳动合同不得约定试用期。商贸公司的行为违反了这一强制性规定，因此劳动合同中关于试用期期限及工资的条款无效。

**2. 肖云能否要求商贸公司补足工资差额并支付经济补偿金？**

答：肖云可以要求商贸公司补足试用期工资的差额，但是不能要求公司支付经济补偿金，因为该行为不属于支付经济补偿金的情形。

## 律师点评

非全日制劳动关系属于灵活用工形式，劳动关系的不确定性比全日制用工要强，而且非全日制劳动者的收入往往低于全日制劳动者，所以应严格控制对非全日制劳动者适用试用期。在非全日制用工形式下，用人单位不得与劳动者约定试用期，也不能以劳动者在试用期期间被证明不符合录用条件而与劳动者解除劳动合同。显然，在非全日制用工形式下，用人单位在试用期方面的权利比在全日制用工形式下要受到更多的限制。但是法律也规定，非全日制终止用工时，用人单位不向劳动者支付经济补偿，这也在一定程度上平衡了用人单位和劳动者之间的权利、义务。

## 法条链接

**《中华人民共和国劳动合同法》**

第六十八条　非全日制用工，是指以小时计酬为主，劳动者在同一用人单位一般平均每日工作时间不超过四小时，每周工作时间累计不超过二十四小时的用工形式。

第七十条　非全日制用工双方当事人不得约定试用期。

第七十一条　非全日制用工双方当事人任何一方都可以随时通知对方终止用工。终止用工，用人单位不向劳动者支付经济补偿。

第八十三条　用人单位违反本法规定与劳动者约定试用期的，由劳动行政部门责令改正；违法约定的试用期已经履行的，由用人单位以劳动者试用期满月工资为标准，按已经履行的超过法定试用期的期间向劳动者支付赔偿金。

## 试用期间是否应当缴纳社会保险

周燕在2017年9月1日应聘到济南市高新区某软件开发公司，岗位是程序开发员。在办理入职手续时，公司提出试用期为两个月，试用期满经业绩考核合格后再签订书面劳动合同，公司为其缴纳社会保险。周燕觉得自己是新人，而且公司历来都是这么实行的，对此没有提出什么异议。一转眼周燕已经工作两个月了，本来满心欢喜地等着与公司签订劳动合同，但是公司又通知：因公司政策调整，周燕的试用期将延长两个月，期满后签订劳动合同并为其缴纳社会保险。听到这个消息后，周燕心里很不是滋味，但是考虑到自己已经坚持了两个月，如果现在放弃有些可惜，而且公司的工资也比较可观，于是周燕决定再坚持坚持。2018年1月，公司准备和周燕签订为期两年的劳动合同。在签订合同时，周燕要求公司为其补缴2017年9月至12月的社会保险费，而公司称试用期间，公司与职工不存在劳动关系，不需为其缴纳社会保险费，社会保险费应当从签订劳动合同建立劳动关系后开始缴纳，如果周燕有意见可以辞职。周燕没想到公司会这么不近人情，但是又不知道如何维权。

1. 公司在试用期不给周燕缴纳社会保险费符合法律规定吗?

答：根据《中华人民共和国劳动合同法》的规定，公司与周燕自用工之日起即存在劳动关系，公司称试用期间与周燕不存在劳动关系的说法是错误的，周燕与公司的劳动关系自2017年9月1日起建立。根据《中华人民共和国社会保险法》的规定，用人单位自用工之日起30日内即有为劳动者办理社会保险登记和缴纳社会保险费的义务。因此，公司称试用期间不需要为周燕缴纳社会保险费是没有法律依据的，周燕可向相关部门投诉，要求公司补缴社会保险费。

**2. 本案中，4个月的试用期是否符合法律规定？**

答：按照《中华人民共和国劳动合同法》的规定，劳动合同期限一年以上不满三年的，试用期不得超过两个月。本案中，公司与周燕签订为期两年的劳动合同，试用期最多应为两个月，而且只能约定一次试用期。因此，公司的做法已经违反了法律的规定。

## 律师点评

实践中，很多用人单位认为试用期内用人单位无须为员工缴纳社会保险费，待正式录用后再缴纳也不迟。然而试用期也是劳动合同期限的一部分，用人单位在试用期不为劳动者缴纳社会保险费的做法是违法的。且试用期也不能由用人单位任意设定，必须根据劳动合同的期限进行约定。

在这里，律师提醒各位女性朋友，在职场中要时刻谨记维护好自己的合法权益，按照法律规定要求用人单位签订劳动合同，同时自己要保留一份。另外，在有关劳动争议的案件中，证明存在劳动关系的证据至关重要，尤其是用人单位不跟劳动者签订劳动合同的，劳动者要注意保存好自己的工作证、工资卡、签到表、工作记录等证据，这样在与用人单位发生争议时，劳动者才可以占据优势。

## 法条链接

**《中华人民共和国劳动合同法》**

第七条　用人单位自用工之日起即与劳动者建立劳动关系。

第十九条第一、二款　劳动合同期限三个月以上不满一年的，试用期不

得超过一个月；劳动合同期限一年以上不满三年的，试用期不得超过二个月；三年以上固定期限和无固定期限的劳动合同，试用期不得超过六个月。

同一用人单位与同一劳动者只能约定一次试用期。

**《中华人民共和国社会保险法》**

第五十八条第一款　用人单位应当自用工之日起三十日内为其职工向社会保险经办机构申请办理社会保险登记。

第六十三条　用人单位未按时足额缴纳社会保险费的，由社会保险费征收机构责令其限期缴纳或者补足。

用人单位逾期仍未缴纳或者补足社会保险费的，社会保险费征收机构可以向银行和其他金融机构查询其存款账户；并可以申请县级以上有关行政部门作出划拨社会保险费的决定，书面通知其开户银行或者其他金融机构划拨社会保险费。用人单位账户余额少于应当缴纳的社会保险费的，社会保险费征收机构可以要求该用人单位提供担保，签订延期缴费协议。

用人单位未足额缴纳社会保险费且未提供担保的，社会保险费征收机构可以申请人民法院扣押、查封、拍卖其价值相当于应当缴纳社会保险费的财产，以拍卖所得抵缴社会保险费。

# 第二节 劳动合同

## 劳动合同到期不续签，后果谁来担

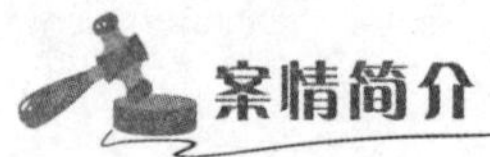

韩芳自2016年毕业后在济南某电子公司工作，双方签订了固定期限的劳动合同，期限为2016年7月15日至2018年7月14日。由于是自己的第一份工作，所以韩芳特别用心，在年终还获得了公司优秀员工的称号。时间飞逝，转眼到了2018年6月，韩芳的劳动合同眼看就要到期，公司已经和其他员工续签了劳动合同，但迟迟未通知韩芳续签。刚开始韩芳以为公司是分批次签订，自己说不定在后头呢。可是一直到8月份，之前的劳动合同已经过了期限，公司依旧没有要与韩芳续签的意思。韩芳实在等不及了，就找领导询问了一下，得到的答复是再等一等。2018年10月，韩芳在公司等了3个多月，公司依旧没有给予不签劳动合同的理由。韩芳实在纳闷为什么公司迟迟不与自己续签劳动合同。后来听小道消息说，有同事在领导面前打小报告，说韩芳生活作风有问题。韩芳委屈地哭了一场，不知道谁竟然这么诬陷自己，同时也为公司对自己的不信任感到伤心。韩芳越想越觉得自己继续在公司待着没有什么意义，于是向公司提出辞职，并要求公司支付未签订劳动合同的那3个月的双倍工资。但是公司认为，虽然未与韩芳续签劳动合同，但并未拖欠韩芳的工资，其他的福利待遇也没有变化，而且现在是韩芳主动提出辞职，公司没有责任。

## 温馨解答

**1. 劳动合同的种类有哪些呢？**

答：劳动合同分为固定期限劳动合同、无固定期限劳动合同和以完成一定工作任务为期限的劳动合同。韩芳与公司签订了为期两年的劳动合同，属于固定期限的劳动合同。

**2. 公司是否应支付韩芳双倍工资？**

答：根据《中华人民共和国劳动合同法》的相关规定，用人单位应当为劳动合同期限届满的员工及时办理续签劳动合同的手续。在这个案例中，公司在韩芳劳动合同期满时，未与韩芳解除劳动合同，也未与其续签劳动合同的做法显然是违法的。根据案件的实际情况，公司在合同期满后继续留用韩芳，双方的劳动关系依然存在，公司应当支付韩芳双倍工资。

## 律师点评

很多劳动者对于与用人单位签订劳动合同的重要性并不知晓，一般认为只要用人单位按时支付工资，即使没有劳动合同也是没关系的。实际不然，劳动合同是用人单位与劳动者之间约定权利与义务的书面证据，在发生纠纷时，也是仲裁委裁决或法院判决的重要依据。在此，律师提醒广大劳动者，一定要及时与用人单位签订劳动合同；签订之后只要按照法律规定的程序，也可以辞职。而对于用人单位来说，如果劳动者不能胜任工作，用人单位依据法律程序也可以解除劳动合同。当然劳动合同一旦到期，也要在规定的时间内进行续签，这样可最大限度地减少纠纷的发生。

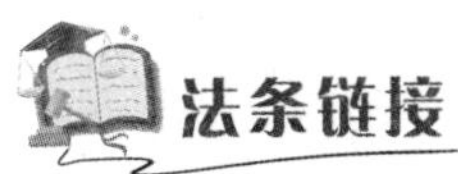

## 法条链接

**《中华人民共和国劳动合同法》**

第十条第一、二款　建立劳动关系，应当订立书面劳动合同。

已建立劳动关系，未同时订立书面劳动合同的，应当自用工之日起一个月内订立书面劳动合同。

第十二条　劳动合同分为固定期限劳动合同、无固定期限劳动合同和以完成一定工作任务为期限的劳动合同。

第十三条　固定期限劳动合同，是指用人单位与劳动者约定合同终止时间的劳动合同。

用人单位与劳动者协商一致，可以订立固定期限劳动合同。

第十四条　无固定期限劳动合同，是指用人单位与劳动者约定无确定终止时间的劳动合同。

用人单位与劳动者协商一致，可以订立无固定期限劳动合同。有下列情形之一，劳动者提出或者同意续订、订立劳动合同的，除劳动者提出订立固定期限劳动合同外，应当订立无固定期限劳动合同：

（一）劳动者在该用人单位连续工作满十年的；

（二）用人单位初次实行劳动合同制度或者国有企业改制重新订立劳动合同时，劳动者在该用人单位连续工作满十年且距法定退休年龄不足十年的；

（三）连续订立二次固定期限劳动合同，且劳动者没有本法第三十九条和第四十条第一项、第二项规定的情形，续订劳动合同的。

用人单位自用工之日起满一年不与劳动者订立书面劳动合同的，视为用人单位与劳动者已订立无固定期限劳动合同。

第十五条　以完成一定工作任务为期限的劳动合同，是指用人单位与劳动者约定以某项工作的完成为合同期限的劳动合同。

用人单位与劳动者协商一致，可以订立以完成一定工作任务为期限的劳动合同。

第四十四条　有下列情形之一的，劳动合同终止：（一）劳动合同期满的；（二）劳动者开始依法享受基本养老保险待遇的；（三）劳动者死亡，或者被人民法院宣告死亡或者宣告失踪的；（四）用人单位被依法宣告破产的；（五）用人单位被吊销营业执照、责令关闭、撤销或者用人单位决定提前解散的；（六）法律、行政法规规定的其他情形。

第八十二条　用人单位自用工之日起超过一个月不满一年未与劳动者订立书面劳动合同的，应当向劳动者每月支付二倍的工资。

用人单位违反本法规定不与劳动者订立无固定期限劳动合同的，自应当订立无固定期限劳动合同之日起向劳动者每月支付二倍的工资。

# 未能签订劳动合同，谁之过

## 案情简介

某制造公司自2000年成立以来一直发展不错，随着规模的扩大，公司也在不断地招录新人。根据公司的惯例，公司并不与员工签订劳动合同，但是一切工资、社保待遇都是按照劳动关系履行。2017年7月，公司新招录了几名应届毕业生，最初这几名毕业生并未对签订劳动合同的事宜提出要求。直到2018年4月，这几名员工认为公司待遇太低，要求离职，才提出公司未与他们签订劳动合同，因此应支付双倍工资的要求。公司觉得很委屈，虽然没有书面的劳动合同，但是并没有因此减少员工的待遇。最终经调解，公司为减少不良影响，与这几名员工达成了和解，并与所有在职员工补签了书面的劳动合同，对于新招录的员工也一并签订了劳动合同。

洪霞于2018年12月进入公司，考虑到签订劳动合同是对自己的束缚，因此洪霞提出不需要签订劳动合同，自己也不会要求公司给予补偿。为了让公司放心，洪霞还写了一个声明，声明上写道："本人自愿不签订劳动合同，特此声明。"公司拿着洪霞的亲笔签字声明书，也就未再要求她签订劳动合同。

2019年7月，洪霞每个周末都被安排加班，但是公司并不支付加班费，洪霞多次找公司讨要，得到的回复都是公司没有关于加班费的规定。因为加班费的问题，洪霞最终与公司闹翻了。现在洪霞想要求公司支付加班费以及未签订劳动合同的那3个月的双倍工资，这个要求能实现吗？

## 温馨解答

1. 洪霞已经向公司出具了自愿不签劳动合同的声明，那么还能要求公司支付双倍工资吗？

答：根据《中华人民共和国劳动合同法实施条例》的规定，用人单位自用工之日起超过一个月不满一年，劳动者不与用人单位订立书面劳动合同的，用人单位应当书面通知劳动者终止劳动关系，并依照劳动合同法第四十七条的规定支付经济补偿。在这个案例中，洪霞虽然是自愿不签订劳动合同，也确实有书面的声明，但是根据上述法律，公司应当书面通知洪霞解除劳动关系，而不能继续用工。因此，洪霞可以要求公司支付双倍工资。

**2. 洪霞主张公司支付加班费，能够得到支持吗？**

答：根据法律规定，洪霞如果提供考勤表、加班申请单等证据证明存在加班的事实，公司就应当支付加班费。

## 律师点评

签订书面劳动合同是对劳动者自身的一种保护，也是对用人单位的保护。对于用人单位来说，如果劳动者拒绝签订劳动合同，用人单位应当书面通知劳动者终止劳动关系。也就是说，如果劳动者拒签劳动合同，用人单位只能终止劳动关系而不能继续留用该劳动者，否则就要支付双倍工资。法律在这里没有考虑劳动者拒绝签订劳动合同的动机，而直接规定用人单位不得留用不签订劳动合同的劳动者。这个案例正好也给各用人单位提了一个醒，劳动合同必须签，即便劳动者不愿签也不行。

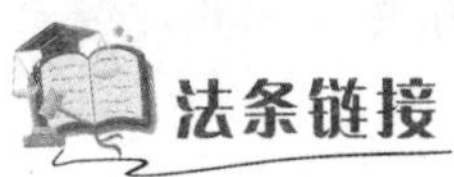

## 法条链接

**《中华人民共和国劳动合同法实施条例》**

第五条　自用工之日起一个月内，经用人单位书面通知后，劳动者不与用人单位订立书面劳动合同的，用人单位应当书面通知劳动者终止劳动关系，无需向劳动者支付经济补偿，但是应当依法向劳动者支付其实际工作时间的劳动报酬。

第六条　用人单位自用工之日起超过一个月不满一年未与劳动者订立书面劳动合同的，应当依照劳动合同法第八十二条的规定向劳动者每月支付两倍的工资，并与劳动者补订书面劳动合同；劳动者不与用人单位订立书面劳动合同的，用人单位应当书面通知劳动者终止劳动关系，并依照劳动合同法

第四十七条的规定支付经济补偿。

前款规定的用人单位向劳动者每月支付两倍工资的起算时间为用工之日起满一个月的次日，截止时间为补订书面劳动合同的前一日。

**《中华人民共和国劳动合同法》**

第三十一条　用人单位应当严格执行劳动定额标准，不得强迫或者变相强迫劳动者加班。用人单位安排加班的，应当按照国家有关规定向劳动者支付加班费。

**《中华人民共和国劳动法》**

第四十四条　有下列情形之一的，用人单位应当按照下列标准支付高于劳动者正常工作时间工资的工资报酬：（一）安排劳动者延长工作时间的，支付不低于工资的百分之一百五十的工资报酬；（二）休息日安排劳动者工作又不能安排补休的，支付不低于工资的百分之二百的工资报酬；（三）法定休假日安排劳动者工作的，支付不低于工资的百分之三百的工资报酬。

## 员工提前辞职，单位拖延交接，造成损失怎么办

2017 年 7 月，王欢从加拿大留学回国后应聘到一家会计师事务所担任部门副经理一职。王欢在会计师事务所工作的日子忙碌而充实，在工作上的进展也很顺利，可是马上就快 30 岁了，王欢的婚姻大事却一直都没有解决。家里人也替王欢着急，一直给王欢安排相亲，希望王欢能够早日成个家。2019 年 1 月，经朋友介绍，王欢认识了刘虎，两个人性格合拍，很快就确定了恋爱关系。唯一美中不足的是，刘虎和王欢不在一个城市上班。考虑到以后的生活，王欢决定辞职，到刘虎所在的城市重新找工作。2019 年 6 月，王欢向会计师事务所提出单方面解除劳动合同的申请，并提交了书面的辞职信，希望尽快办理交接手续。可是会计师事务所觉得事情突然，提出王欢属于高级管理人员，并负责重大项目，不能仅仅提前 30 天辞职，于是在王欢的离职申

请书上批注："不予同意。"辞职的事就这样一拖再拖。另一边，刘虎已经为王欢寻找了新的公司，一直催促王欢尽快到他所在的城市工作，可王欢多次书面督促会计师事务所安排相关人员做工作交接，会计师事务所却始终不给答复。无奈之下，王欢在提出申请离职30天后离开了会计师事务所。王欢离职后，由于交接工作没有做好，导致会计师事务所部分工作停滞，造成了一些损失。会计师事务所以此为由向王欢发出违纪解除劳动合同通知书，并要求王欢赔偿所造成的损失。王欢对会计师事务所因未交接好工作造成的损失表示遗憾，但认为损失是会计师事务所迟迟不予安排人员进行交接而导致的，自己没有过错，所以不同意向会计师事务所赔偿损失。

## 温馨解答

**1. 王欢向会计师事务所提交辞职申请30天后离职，符合法律规定吗？**

答：根据《中华人民共和国劳动合同法》的相关规定，劳动者提前30日以书面形式通知用人单位的，可以解除劳动合同。在这个案例中，王欢是向单位提交辞职申请30日后才离开的，因此王欢的行为符合法律的规定。

**2. 王欢是否应赔偿单位相关损失？**

答：王欢向单位提交了辞职信并多次书面要求单位安排人员进行工作交接，并不存在过错。单位以种种理由不予理会和配合，最终致使王欢无法办理工作交接，造成损失。王欢已经按照法律规定履行了义务，因此不需要向单位赔偿损失。

## 律师点评

一般而言，在劳动关系中，劳动者处于弱势地位。为了更好地保护劳动者的自主择业权，《中华人民共和国劳动合同法》规定，劳动者行使单方面解除劳动合同的权利时，只要依照法律规定，提前30日以书面形式通知用人单位即可，不需要得到用人单位的同意。劳动者在提出解除劳动合同后满30日即可离职，无须补偿用人单位因劳动合同被解除而产生的经济损失或承担其他法律责任。另外，用人单位不能强制劳动者工作，遇到困难应积极与劳动

者协商，否则最终导致损失还得自己承担。

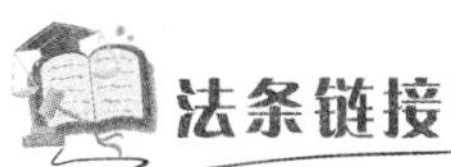


**《中华人民共和国劳动合同法》**

第三十七条　劳动者提前三十日以书面形式通知用人单位，可以解除劳动合同。劳动者在试用期内提前三日通知用人单位，可以解除劳动合同。

第三十八条　用人单位有下列情形之一的，劳动者可以解除劳动合同：（一）未按照劳动合同约定提供劳动保护或者劳动条件的；（二）未及时足额支付劳动报酬的；（三）未依法为劳动者缴纳社会保险费的；（四）用人单位的规章制度违反法律、法规的规定，损害劳动者权益的；（五）因本法第二十六条第一款规定的情形致使劳动合同无效的；（六）法律、行政法规规定劳动者可以解除劳动合同的其他情形。

用人单位以暴力、威胁或者非法限制人身自由的手段强迫劳动者劳动的，或者用人单位违章指挥、强令冒险作业危及劳动者人身安全的，劳动者可以立即解除劳动合同，不需事先告知用人单位。

# 第三节　经济补偿金

## 工作调动后解除劳动合同，经济补偿金如何计算

### 案情简介

2010年7月，邓美玲经朋友介绍应聘到某外资企业总部上班，主要负责市场营销方面的工作。2016年5月，该外资企业准备在南京设立子公司，邓美玲作为骨干被抽调至南京子公司担任市场营销部主管，事业有了进一步的发展。邓美玲被调往南京子公司后，为方便人事管理，总部与她解除了劳动合同，同时安排她与南京子公司重新签订了劳动合同，但总部并未支付解除劳动合同的经济补偿金。2018年5月，南京子公司的管理层出现决策失误，导致南京子公司受到重创，不得不裁员以减少开支，邓美玲也被列入裁员名单。南京子公司明确告知，邓美玲的经济补偿自2016年5月起至今，仅有两个月的工资，除此以外就没有任何补偿了。邓美玲收到公司的通知后，心里很委屈，当时自己好不容易做通男朋友的思想工作来到南京发展，现在竟然被辞退，而且公司的经济补偿金并未按照她在总部开始工作的时间计算。邓美玲多次找到南京子公司要求补偿，但是南京子公司表示邓美玲是自2016年5月与本公司签订的劳动合同，之前与总部的劳动合同已经解除，如果要求另外的补偿应当与总部联系。于是，邓美玲又找总部协商，而总部则认为自己早已与邓美玲解除了劳动关系，且当时邓美玲并未提出任何异议，因此也没有义务支付。

1. **经济补偿年限究竟是否可以累计计算?**

答：根据法律规定，邓美玲是非因本人原因从外资企业总部被安排到南京子公司工作的，那么邓美玲在外资企业总部的工作年限应合并计算为南京子公司的工作年限，如果总部已经向邓美玲支付经济补偿，那么南京子公司确实不需要计算邓美玲在总部的工作年限。本案中，总部当时未向邓美玲支付经济补偿，所以她此次被解除劳动合同的经济补偿年限应从 2010 年 7 月起计算。

2. **邓美玲获得的经济补偿基数应如何计算?**

答：根据法律规定，计算经济补偿的根据是劳动者在劳动合同解除或者终止前十二个月的平均工资，如果邓美玲的工资是本地区上年度职工月平均工资的三倍，那么公司向其支付经济补偿的标准按其月平均工资三倍的数额支付。

员工的工作年限累计及与之密切相关的经济补偿计算问题是劳动关系中一个重要的问题。公司应当依法履行自己的义务，不管出于什么原因将员工调至另外的公司，都要根据法律规定保障员工的权益不受侵害。而作为员工，更要提高自己的维权意识，保存好劳动合同等相关证据，出现纠纷及时咨询专业律师。

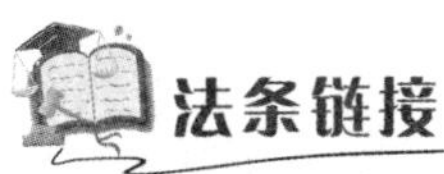

**《中华人民共和国劳动合同法实施条例》**

第十条　劳动者非因本人原因从原用人单位被安排到新用人单位工作的，劳动者在原用人单位的工作年限合并计算为新用人单位的工作年限。原用人单位已经向劳动者支付经济补偿的，新用人单位在依法解除、终止劳动合同计算支付经济补偿的工作年限时，不再计算劳动者在原用人单位的工作年限。

第二十七条　劳动合同法第四十七条规定的经济补偿的月工资按照劳动者应得工资计算，包括计时工资或者计件工资以及奖金、津贴和补贴等货币性收入。劳动者在劳动合同解除或者终止前12个月的平均工资低于当地最低工资标准的，按照当地最低工资标准计算。劳动者工作不满12个月的，按照实际工作的月数计算平均工资。

**《中华人民共和国劳动合同法》**

第四十七条　经济补偿按劳动者在本单位工作的年限，每满一年支付一个月工资的标准向劳动者支付。六个月以上不满一年的，按一年计算；不满六个月的，向劳动者支付半个月工资的经济补偿。

劳动者月工资高于用人单位所在直辖市、设区的市级人民政府公布的本地区上年度职工月平均工资三倍的，向其支付经济补偿的标准按职工月平均工资三倍的数额支付，向其支付经济补偿的年限最高不超过十二年。

本条所称月工资是指劳动者在劳动合同解除或者终止前十二个月的平均工资。

## 公司未按规定支付工资，员工如何维权

吕芳研究生毕业之后到了一家投资公司上班，双方签订了3年的劳动合同，期限为2012年7月到2015年6月。按照劳动合同的约定，吕芳试用期工资每月4000元，同时公司每月发给她1600元的住房和生活补助。试用期后每月工资5000元，还有另外的奖金。上班两个月后，吕芳发现公司有很多弊端，于是决定辞职，跳槽到另外一家公司。公司知道后，想方设法挽留吕芳，甚至千方百计予以阻拦，还扣发了吕芳当月的工资和奖金。吕芳几次交涉都没有结果。后来，公司经理出面与吕芳协商，表明公司很看重吕芳并想好好栽培她，希望吕芳能留下来继续工作，公司愿意补发扣发的工资和奖金，而

且还愿意给吕芳加薪。吕芳被经理真诚的态度打动了，于是同意继续工作。但是到了第六个月的时候，公司又以经营困难为由，停发了部分员工的工资和补贴，其中就包括吕芳。当吕芳和同事向公司询问详情的时候，公司没有给出明确答复。吕芳再次下定决心离开公司。没想到公司还是百般阻拦，并提出即使要解除劳动合同，吕芳也应该提前一个月通知公司，所以吕芳应当再上班一个月。

## 温馨解答

**1. 吕芳和投资公司签订了为期 3 年的劳动合同，现劳动合同期限未满，吕芳可以要求解除劳动合同吗？是否需要再上一个月的班？**

答：根据法律规定，投资公司未及时足额向吕芳支付工资和奖金，吕芳是可以随时要求解除劳动合同的，自其提出辞职之日起双方的劳动关系即告解除，因此，吕芳不需要再上班一个月。

**2. 吕芳在这种情况下要求解除劳动合同，被停发的工资和补贴是否可以要回来？**

答：可以。本案中，投资公司应按时足额发放劳动报酬，否则，吕芳在离职时可以要求发放。不仅如此，投资公司擅自停发吕芳的工资违反了法律的规定，还应当向吕芳支付经济补偿。

## 律师点评

工资是指用人单位依据国家规定或者劳动合同的约定，根据劳动者的工作岗位、技能、职称以及完成工作的数量或质量等，以货币形式支付给劳动者的薪金。工资是劳动合同中必备的条款，劳动者按照合同约定履行劳动义务后，用人单位应当按照国家的规定或者劳动合同的约定，以确定的数额、在确定的日期足额支付工资，不能无故拖延或克扣。用人单位未按照合同约定及时、足额支付工资是严重违反劳动合同的行为，劳动者可以提出解除劳动合同，并要求用人单位支付经济补偿。

**《中华人民共和国劳动合同法》**

第三十八条　用人单位有下列情形之一的，劳动者可以解除劳动合同：（一）未按照劳动合同约定提供劳动保护或者劳动条件的；（二）未及时足额支付劳动报酬的；（三）未依法为劳动者缴纳社会保险费的；（四）用人单位的规章制度违反法律、法规的规定，损害劳动者权益的；（五）因本法第二十六条第一款规定的情形致使劳动合同无效的；（六）法律、行政法规规定劳动者可以解除劳动合同的其他情形。

用人单位以暴力、威胁或者非法限制人身自由的手段强迫劳动者劳动的，或者用人单位违章指挥、强令冒险作业危及劳动者人身安全的，劳动者可以立即解除劳动合同，不需事先告知用人单位。

第四十六条　有下列情形之一的，用人单位应当向劳动者支付经济补偿：（一）劳动者依照本法第三十八条规定解除劳动合同的；（二）用人单位依照本法第三十六条规定向劳动者提出解除劳动合同并与劳动者协商一致解除劳动合同的；（三）用人单位依照本法第四十条规定解除劳动合同的；（四）用人单位依照本法第四十一条第一款规定解除劳动合同的；（五）除用人单位维持或者提高劳动合同约定条件续订劳动合同，劳动者不同意续订的情形外，依照本法第四十四条第一项规定终止固定期限劳动合同的；（六）依照本法第四十四条第四项、第五项规定终止劳动合同的；（七）法律、行政法规规定的其他情形。

## 员工给企业造成的损失可以用工资抵扣吗

蒋新雨是“90后”女生，2014年6月大学毕业以后应聘到一家私营企业工作。刚开始的实习阶段，蒋新雨都是跟着师傅进行操作。师傅很耐心地把

各种注意事项都告知蒋新雨，蒋新雨虽然听得很认真，但是经常丢三落四。转眼实习期过了，公司按照规定要进行上岗前考试，蒋新雨通过考前突击总算是勉强过关，但技术上还是很生疏，独自进行操作时经常出差错。公司又安排蒋新雨跟着业务骨干学习操作。这样过了几个月，蒋新雨的技术水平有所提高，师傅也觉得她可以独当一面了，于是就将一台机器交给蒋新雨单独操作。2015 年 4 月的一天，蒋新雨像往常一样操作机器，却不慎把机器弄坏了，给公司造成了几万元的损失。根据双方劳动合同的约定，蒋新雨在工作时如因自己的原因给公司造成损失的，应承担相应的责任。所以，老板要求蒋新雨赔偿，赔偿方式是扣除蒋新雨接下来 10 个月的全部工资。蒋新雨自知是自己的原因导致事故发生，但是工资全部被扣除，就意味着蒋新雨无法正常生活。一段时间后，蒋新雨与老板商量，希望公司每月支付给自己一些生活费用，可以多扣几个月的工资，但是老板坚决不同意。

**1. 蒋新雨给公司造成了损失，需要承担责任吗？**

答：根据法律规定，因为劳动者本人原因给用人单位造成经济损失的，用人单位可按照劳动合同的约定要求其赔偿经济损失。因此，本案中，单位可以依据双方签订的劳动合同要求蒋新雨赔偿。

**2. 公司扣除蒋新雨 10 个月的全部工资，符合法律规定吗？**

答：公司的行为是不合法的。根据《工资支付暂行规定》，劳动者给用人单位造成的经济损失赔偿，可从劳动者本人的工资中扣除，但每月扣除的部分不得超过劳动者当月工资的 20%。若扣除后的剩余工资部分低于当地月最低工资标准，则按最低工资标准支付。因此，公司扣除蒋新雨 10 个月的全部工资是不符合法律规定的。

**3. 蒋新雨应如何维权？**

答：案例中单位的行为违反了《中华人民共和国劳动合同法》关于未及时足额支付给劳动者劳动报酬的规定，蒋新雨可以要求单位补发工资并支付经济补偿。

## 律师点评

实践中，由于劳动者的个人原因而给用人单位造成经济损失的情况屡见不鲜，有些用人单位动辄扣除劳动者一半甚至全额的工资，由此引发的争议不断。以上案例给广大劳动者和用人单位提了一个醒。因劳动者个人给用人单位造成经济损失的赔偿，可以从劳动者本人的工资中扣除，但这种情况下的扣发有两个限制：一是每月扣除的部分不能超过劳动者当月工资的20%；二是扣除后剩余的工资不能低于当地的最低工资。当然也可以选择让劳动者另行一次性赔偿用人单位损失。

## 法条链接

**《工资支付暂行规定》**

第十六条　因劳动者本人原因给用人单位造成经济损失的，用人单位可按照劳动合同的约定要求其赔偿经济损失。经济损失的赔偿，可从劳动者本人的工资中扣除。但每月扣除的部分不得超过劳动者当月工资的20%。若扣除后的剩余工资部分低于当地月最低工资标准，则按最低工资标准支付。

# 第四节 特殊时期保护

## 劳动合同马上到期，员工发现已怀孕怎么办

26 岁的廖长青于 2014 年 1 月 1 日入职某保险公司工作，担任人力资源专员，并和公司签订了 5 年的劳动合同。时光飞逝，转眼间廖长青在公司工作快 5 年了。这期间，廖长青结了婚，生活、工作都很顺利。2018 年 11 月，廖长青与公司的劳动合同还有一个月就到期了，公司通知廖长青，双方的劳动合同将于 2018 年 12 月 31 日期满，因为公司要进行人员整合，总公司会将一批新的人员调入到本公司，所以公司很无奈，最终决定不再与廖长青续签劳动合同。廖长青没有想太多，因为其他部门的几个劳动合同到期的同事也遇到同样的情况。就这样，廖长青与公司协商一致准备在 2018 年 12 月 31 日办理离职手续，公司承诺会按照法律的相关规定向廖长青支付 5 个月的工资作为终止劳动合同的经济补偿。

2018 年 12 月 20 日，正在准备工作交接的廖长青觉得身体不适，随即去医院检查。第二天检查结果出来之后，经过医生诊断，原来廖长青已经怀孕 1 个多月了。听到这个消息，廖长青心里很高兴，但是转念一想：自己现在怀孕了，如果月底与公司解除了劳动关系，哪还会有公司要自己呢？如果找不到新的工作，有了孩子之后，生活压力就会更大。于是，廖长青将自己已经

怀孕的情况告诉了公司，并要求按照国家有关规定续签劳动合同，理由是员工在劳动合同期限内怀孕，公司不能终止劳动合同。但公司认为，已经和廖长青协商好终止劳动合同，即使廖长青现在发现怀孕，公司也没有义务再与其续签劳动合同，因此拒绝了廖长青的要求。

## 温馨解答

**廖长青已经怀孕，但她与保险公司的劳动合同马上到期，保险公司能与其终止劳动合同吗？**

**答：**根据法律规定，劳动合同期限届满时，女职工在孕期、产期、哺乳期的，公司不得终止劳动合同，而应将劳动合同期限延续到哺乳期结束为止。该规定是强制性的，毫无例外。案例中，虽然廖长青的劳动合同马上就要到期，且廖长青与公司达成口头的到期终止劳动合同的协议，但是廖长青在合同期限内已经怀孕，根据法律规定，其劳动合同的期限应当自动续延至哺乳期结束。因此，保险公司的说法不能成立，廖长青有权利要求公司继续履行劳动合同。如果公司拒绝继续履行，廖长青可以申请劳动仲裁，要求将双方的劳动合同延续至自己的哺乳期结束。

## 律师点评

很多用人单位在招聘时不愿意接受女职工，认为女职工需要结婚生子，平时在家庭上耗费的精力太多，从而会影响工作时间和效率。但是，用人单位不应仅仅以营利为目的，还应最大限度地承担社会责任。我国法律特别规定了对女职工的特殊保护，这不仅体现在劳动关系上，还体现在劳动条件和岗位上。因此，用人单位应全面考虑照顾特殊人群，尽可能地承担起社会责任。同时，女职工在权益受到损害的时候，要注意在第一时间保存证据，维护自己的合法权益。

## 法条链接

**《中华人民共和国劳动合同法》**

第四十二条　劳动者有下列情形之一的，用人单位不得依照本法第四十条、第四十一条的规定解除劳动合同：（一）从事接触职业病危害作业的劳动者未进行离岗前职业健康检查，或者疑似职业病病人在诊断或者医学观察期间的；（二）在本单位患职业病或者因工负伤并被确认丧失或者部分丧失劳动能力的；（三）患病或者非因工负伤，在规定的医疗期内的；（四）女职工在孕期、产期、哺乳期的；（五）在本单位连续工作满十五年，且距法定退休年龄不足五年的；（六）法律、行政法规规定的其他情形。

第四十五条　劳动合同期满，有本法第四十二条规定情形之一的，劳动合同应当续延至相应的情形消失时终止。但是，本法第四十二条第二项规定丧失或者部分丧失劳动能力劳动者的劳动合同的终止，按照国家有关工伤保险的规定执行。

**《女职工劳动保护特别规定》**

第五条　用人单位不得因女职工怀孕、生育、哺乳而降低其工资、予以辞退、与其解除劳动或者聘用合同。

# 工作时间遭遇流产，能要求公司赔偿吗

## 案情简介

28岁的章楠和丈夫一起从老家来到省城，在一家快餐店做服务员。2018年1月，章楠怀孕了。快餐店知道章楠的情况后，表面上说要照顾章楠，尽快安排调岗，但是因为一直没有招聘到新的服务员，人员又比较紧张，几个月来，并未对章楠的工作做出任何调整。怀孕已经3个月的章楠不得不像往常一样长时间站立并从事大量体力工作。鉴于自己的身体情况，章楠找到快餐店老板，要求其尽快为自己安排调岗，并出具了医生的书面证明，快餐店老板也说会尽快给章楠调岗。

一天，章楠像平常一样上班，可刚换上工作服就感觉肚子疼痛难忍。一旁的同事看情况不好，立即把章楠送到了医院。经医生诊治确认，章楠因为劳累过度流产了。章楠认为，自己是在工作期间流产的，属于工伤，快餐店应承担赔偿责任。于是，章楠找到快餐店老板协商，而快餐店老板则认为，章楠流产是由于自己身体虚弱导致的，与快餐店无关，当场拒绝了章楠关于赔偿的要求。

**章楠的流产属于工伤吗？快餐店是否应该赔偿？**

答：是否认定工伤要看是否符合工伤的认定标准，即劳动者在工作时间、工作地点，因工作原因造成的伤害才能被认定为工伤。本案中，章楠流产是在工作时间和工作场所内发生的，而且事发之前章楠已经向快餐店出示了医生的证明，但是快餐店并没有减轻章楠的工作量，最终导致章楠因工作强度过大流产，属于工伤的情形，章楠应享受工伤保险待遇；如快餐店未给章楠缴纳社会保险费，则由快餐店自行承担相应的损失。

孕期女职工是用人单位的一个特殊群体，从道义及用人单位的社会责任方面考虑，用人单位对其进行一定的照顾是应该的。对于工作强度大的孕期女职工，用人单位应对其进行必要的调岗。对于不适合“三期”女职工从事的工作岗位，如需常年出差的销售人员、司机、服务员等，用人单位要尤其注意；另外，不得安排孕期女职工从事国家规定的第三级体力劳动和孕期禁忌从事的劳动。

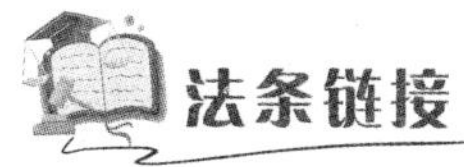


《女职工劳动保护特别规定》

第六条 女职工在孕期不能适应原劳动的，用人单位应当根据医疗机构的证明，予以减轻劳动量或者安排其他能够适应的劳动。

对怀孕7个月以上的女职工，用人单位不得延长劳动时间或者安排夜班劳动，并应当在劳动时间内安排一定的休息时间。

怀孕女职工在劳动时间内进行产前检查，所需时间计入劳动时间。

《工伤保险条例》

第十四条 职工有下列情形之一的，应当认定为工伤：（一）在工作时间和工作场所内，因工作原因受到事故伤害的；（二）工作时间前后在工作场所内，从事与工作有关的预备性或者收尾性工作受到事故伤害的；（三）在工作时间和工作场所内，因履行工作职责受到暴力等意外伤害的；（四）患职业病的；（五）因工外出期间，由于工作原因受到伤害或者发生事故下落不明的；（六）在上下班途中，受到非本人主要责任的交通事故或者城市轨道交通、客运轮渡、火车事故伤害的；（七）法律、行政法规规定应当认定为工伤的其他情形。

第十五条 职工有下列情形之一的，视同工伤：（一）在工作时间和工作岗位，突发疾病死亡或者在48小时之内经抢救无效死亡的；（二）在抢险救灾等维护国家利益、公共利益活动中受到伤害的；（三）职工原在军队服役，因战、因公负伤致残，已取得革命伤残军人证，到用人单位后旧伤复发的。

职工有前款第（一）项、第（二）项情形的，按照本条例的有关规定享受工伤保险待遇；职工有前款第（三）项情形的，按照本条例的有关规定享受除一次性伤残补助金以外的工伤保险待遇。

# 因怀孕被调岗降薪怎么办

年近33岁的申婉新于2017年3月入职某软件开发公司，担任高级产品研发经理，月工资1万元。

2018年1月，申婉新去医院做检查，惊喜地发现自己怀孕了。软件开发公司得知后，以照顾申婉新的身体为由，提出将其调到行政岗位，并按照行政岗位的标准发放工资，这样，申婉新的工资降至4000元左右。申婉新则认为自己怀孕不会影响工作，坚决不同意公司给她调岗。公司见申婉新态度强硬，直接将她的电脑收走，也不再安排其参与项目。这段时间申婉新一直在产品研发部上班，公司向其送达了工资变动通知书，之后按照每月4000元的标准给其发放工资。之后，申婉新生下一个健康可爱的男孩，公司也安排了代表对其进行慰问。让申婉新没想到的是，在自己休产假期间，公司竟然没有为其继续缴纳社会保险费。2018年12月初，申婉新找到公司，要求公司为其继续缴纳社会保险费并补偿相应的工资差额，公司对她的要求不予理会。

## 温馨解答

1. 某软件开发公司在申婉新孕期给其调动岗位并降低了工资，符合法律规定吗？

答：案例中，申婉新孕期一直在产品研发部工作，未能参与项目并不是由其自身原因造成的，因此公司不能降低其工资，而应按照合同约定的工资补发给申婉新。如果公司一味地坚持自己的做法，那么申婉新可以要求解除劳动合同，并要求公司支付经济补偿。

2. 软件开发公司在申婉新产假期间终止为其缴纳社会保险费的行为合法吗？

答：根据《中华人民共和国社会保险法》和《中华人民共和国劳动法》的规定，产假期间劳动者未与用人单位解除劳动关系，用人单位必须按照规

定继续为职员缴存社会保险费，且职工本人也应当继续缴存社会保险费。本案中，软件开发公司必须按照规定为申婉新缴纳社会保险费。

## 律师点评

对于女职工来说，首先，在确认怀孕之后，要及时、如实地告知用人单位，再与用人单位沟通协调下一步的工作安排，以便用人单位提供孕期保障措施。其次，女职工在孕期、产期、哺乳期等特殊生理期亦应严格遵守用人单位的规章制度，服从用人单位的管理安排，认真完成各项工作任务；如果身体不舒服需要休息或者去医院进行检查，应根据用人单位的要求履行相关的手续，以免耽误工作。最后，当女职工的合法权益受到用人单位侵害时，应主动大胆地向用人单位主张，寻求法律救济途径，以防止损失扩大；同时也应注意避免拖延的时间太长，导致因超过仲裁或诉讼时效而得不到支持。

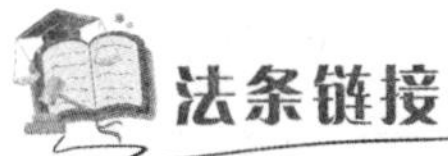

## 法条链接

**《女职工劳动保护特别规定》**

第五条　用人单位不得因女职工怀孕、生育、哺乳而降低其工资、予以辞退、与其解除劳动或者聘用合同。

**《中华人民共和国劳动合同法》**

第三十条　用人单位应当按照劳动合同约定和国家规定，向劳动者及时足额支付劳动报酬。

用人单位拖欠或者未足额支付劳动报酬的，劳动者可以依法向当地人民法院申请支付令，人民法院应当依法发出支付令。

第三十九条　劳动者有下列情形之一的，用人单位可以解除劳动合同：（一）在试用期间被证明不符合录用条件的；（二）严重违反用人单位的规章制度的；（三）严重失职，营私舞弊，给用人单位造成重大损害的；（四）劳动者同时与其他用人单位建立劳动关系，对完成本单位的工作任务造成严重影响，或者经用人单位提出，拒不改正的；（五）因本法第二十六条第一款第一项规定的情形致使劳动合同无效的；（六）被依法追究刑事责任的。

**《中华人民共和国社会保险法》**

第六十条第一款　用人单位应当自行申报、按时足额缴纳社会保险费，非因不可抗力等法定事由不得缓缴、减免。职工应当缴纳的社会保险费由用人单位代扣代缴，用人单位应当按月将缴纳社会保险费的明细情况告知本人。

# 第五节　工　伤

## 用人单位把社会保险费支付给员工，员工发生工伤怎么办

40岁的曹丽2016年4月与某餐饮公司签订了非全日制用工劳动合同，工作内容是为公司提供保洁服务。双方约定，曹丽每天工作3个小时，公司按小时支付劳动报酬，并且劳动报酬中包含了曹丽的社会保险费，曹丽领取后可自行缴纳社会保险，公司不再为其缴纳。2018年4月的一天，曹丽在公司清理楼道时不慎摔倒。经诊断，曹丽腿部多处骨折，部分身体功能丧失，需要住院治疗。餐饮公司经理听说后，到医院探望曹丽。曹丽非常感谢经理的探望，同时提出要进行工伤鉴定，希望公司配合。公司经理及时为曹丽安排了工伤鉴定。经鉴定，曹丽构成工伤残疾十级的标准，依法享受工伤保险待遇。但是由于餐饮公司没有为曹丽缴纳工伤保险费，导致曹丽无法按规定向工伤保险经办机构申请工伤保险待遇。于是，曹丽又找到公司协商解决办法，但是公司认为，其向曹丽支付的工资中已经包含了社会保险费，曹丽无法享受工伤保险待遇的原因在于其本人没有参加社会保险，与公司无关，因此拒绝了曹丽的要求。

温馨解答

**1. 申请工伤认定应提交哪些材料？**

答：根据法律规定，提出工伤认定申请应当提交下列材料：（一）工伤认定申请表；（二）与用人单位存在劳动关系（包括事实劳动关系）的证明材料；（三）医疗诊断证明或者职业病诊断证明书（或者职业病诊断鉴定书）。工伤认定申请表应当包括事故发生的时间、地点、原因以及职工伤害程度等基本情况。工伤认定申请人提供材料不完整的，社会保险行政部门应当一次性书面告知工伤认定申请人需要补正的全部材料。申请人按照书面告知要求补正材料后，社会保险行政部门应当受理。

**2. 曹丽被鉴定为工伤十级，应享受哪些待遇？**

答：根据法律规定，曹丽可以享受以下待遇：（一）从工伤保险基金按伤残等级支付一次性伤残补助金，标准为：十级伤残为 7 个月的本人工资；（二）劳动、聘用合同期满终止，或者职工本人提出解除劳动、聘用合同的，由工伤保险基金支付一次性工伤医疗补助金，由用人单位支付一次性伤残就业补助金。一次性工伤医疗补助金和一次性伤残就业补助金的具体标准由省、自治区、直辖市人民政府规定。

**3. 曹丽已经领取了社会保险费，公司还有义务为其支付此次工伤损失吗？**

答：根据法律规定，曹丽与餐饮公司之间已经形成劳动关系，餐饮公司没有为曹丽缴纳工伤保险费，曹丽发生工伤事故，其工伤保险待遇应由餐饮公司支付；餐饮公司如果不支付，从工伤保险基金中先行支付。从工伤保险基金中先行支付的工伤保险待遇应当由餐饮公司偿还。如果餐饮公司有证据证明支付给曹丽的工资中包含了社会保险费，可以要求曹丽返还，但是这与工伤保险待遇属于两个法律关系。

律师点评

对于非全日制从业人员，其养老保险和医疗保险由劳动者本人以灵活就业人员的身份自愿参加，但是用人单位应当按照规定负责劳动者的工伤保险。

很多用人单位认为自己已经把工伤保险的钱支付给了劳动者，或者有时候是劳动者主动提出不需要缴纳工伤保险费，如果劳动者发生了意外，用人单位就不需要承担责任了。这种认识是错误的。用人单位对于自己应当履行的法定义务一定要依法履行，切不要为了一时利益而到最后付出更大的代价。

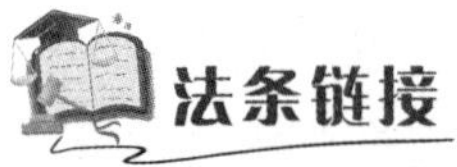

## 法条链接

**《工伤保险条例》**

第十条第一款　用人单位应当按时缴纳工伤保险费。职工个人不缴纳工伤保险费。

**《中华人民共和国社会保险法》**

第三十三条　职工应当参加工伤保险，由用人单位缴纳工伤保险费，职工不缴纳工伤保险费。

第三十八条　因工伤发生的下列费用，按照国家规定从工伤保险基金中支付：（一）治疗工伤的医疗费用和康复费用；（二）住院伙食补助费；（三）到统筹地区以外就医的交通食宿费；（四）安装配置伤残辅助器具所需费用；（五）生活不能自理的，经劳动能力鉴定委员会确认的生活护理费；（六）一次性伤残补助金和一至四级伤残职工按月领取的伤残津贴；（七）终止或者解除劳动合同时，应当享受的一次性医疗补助金；（八）因工死亡的，其遗属领取的丧葬补助金、供养亲属抚恤金和因工死亡补助金；（九）劳动能力鉴定费。

第四十一条　职工所在用人单位未依法缴纳工伤保险费，发生工伤事故的，由用人单位支付工伤保险待遇。用人单位不支付的，从工伤保险基金中先行支付。

从工伤保险基金中先行支付的工伤保险待遇应当由用人单位偿还。用人单位不偿还的，社会保险经办机构可以依照本法第六十三条的规定追偿。

# 劳动合同还是劳务合同？发生工伤如何处理

2014 年 7 月，由于单位改制，35 岁的邱甜失业了。同年 10 月，经朋友介绍，邱甜进入一家服装加工厂上班。入职时邱甜尚处于享受失业保险待遇阶段，单位以此为由，只与邱甜签订了劳务合同，其中约定的工资支付、工作时间等与劳动合同的约定几乎是一模一样。如此一来，单位按照普通员工对邱甜进行管理，却不为邱甜缴纳社会保险费。

2015 年 3 月，邱甜在上班途中不幸被一辆机动车撞伤。单位得知后并未对邱甜进行慰问，而是当即通知邱甜解除劳务合同。邱甜觉得单位这样做太过分，于是要求单位为其补缴社会保险费并申请工伤认定，可单位很强势地回复双方签订的是劳务合同，而不是劳动合同，也就是说，单位和邱甜之间并不存在法律上的劳动关系，所以单位无须为邱甜办理上述事项。协商未果，无奈之下，邱甜自己申请了工伤认定。经鉴定，邱甜构成九级伤残。拿着工伤鉴定的结果，邱甜找到单位，没想到单位还是不管不问。

## 温馨解答

**1. 劳动合同与劳务合同的区别是什么？**

答：在主体上，劳务合同的主体可以双方都是单位，也可以双方都是自然人，还可以一方是单位，另一方是自然人；而劳动合同的主体是确定的，只能是接受劳动的一方为单位，提供劳动的一方是自然人。

在管理方式上，签订劳动合同的劳动者在劳动关系确立后成为用人单位的成员，须遵守用人单位的规章制度，双方之间具有领导与被领导、支配与被支配的隶属关系；而劳务合同的一方无须成为另一方成员即可为需方提供劳动，双方之间的地位自始至终是平等的。

在风险承担上，劳动合同中劳动者在提供劳动过程中的风险责任须由用人单位承担；劳务合同中提供劳动的一方有权自行支配劳动，因此劳动风险

责任自行承担。劳动合同支付的劳动报酬要遵守法律、法规的规定，而劳务合同支付的劳动报酬由双方当事人自行协商价格及支付方式等，法律不过分干涉。

在纠纷处理上，劳务合同属于民事合同的一种，受民法典调整，故因劳务合同发生的争议由人民法院审理；而劳动合同纠纷属于劳动法调整，要求采用仲裁前置程序。

**2. 邱甜与单位之间是劳动关系还是劳务关系？**

**答：**虽然邱甜与单位签订的合同名称是劳务合同，但是内容与劳动合同如出一辙，是劳动关系还是劳务关系，不是由合同名称和内容确定，而是由用工性质确定。在实践中，双方的种种行为完全符合劳动关系的条件，单位以签订劳务合同为由逃避法律规定的义务，显然是不对的。因此，邱甜与单位之间应认定为劳动关系。

**3. 单位未给邱甜缴纳工伤保险费，邱甜还能享受工伤保险待遇吗？**

**答：**根据《中华人民共和国劳动合同法》及国家有关法规的规定，用人单位在招收录用失业人员时，应当为其办理合法的用工手续，并建立劳动关系。案例中，单位与邱甜已建立了事实劳动关系，应当签订书面劳动合同。单位因邱甜发生工伤不仅不履行义务反而将其辞退，是违法的。邱甜无法享受工伤保险待遇，应由单位支付工伤保险待遇。

## 律师点评

很多用人单位为了减免自己的法定义务或者用工成本，选择与劳动者签订劳务合同。但是在实际用工过程中，又是按照劳动关系的条条框框来要求劳动者。用人单位的这种行为显然违反了法律的规定。遇到这种情况，劳动者应积极维护自己的权益。另外，用人单位不为劳动者缴纳社会保险费不仅损害了劳动者的权益，也违反了法律的规定，应承担相应的法律责任。

**《工伤保险条例》**

第六十二条　用人单位依照本条例规定应当参加工伤保险而未参加的，由社会保险行政部门责令限期参加，补缴应当缴纳的工伤保险费，并自欠缴之日起，按日加收万分之五的滞纳金；逾期仍不缴纳的，处欠缴数额1倍以上3倍以下的罚款。

依照本条例规定应当参加工伤保险而未参加工伤保险的用人单位职工发生工伤的，由该用人单位按照本条例规定的工伤保险待遇项目和标准支付费用。

**《中华人民共和国劳动合同法》**

第十七条　劳动合同应当具备以下条款：（一）用人单位的名称、住所和法定代表人或者主要负责人；（二）劳动者的姓名、住址和居民身份证或者其他有效身份证件号码；（三）劳动合同期限；（四）工作内容和工作地点；（五）工作时间和休息休假；（六）劳动报酬；（七）社会保险；（八）劳动保护、劳动条件和职业危害防护；（九）法律、法规规定应当纳入劳动合同的其他事项。劳动合同除前款规定的必备条款外，用人单位与劳动者可以约定试用期、培训、保守秘密、补充保险和福利待遇等其他事项。

## 在工作过程中突发疾病死亡是否属于工伤

46岁的曹春华是某食品加工公司的检验员。在公司的20年来，她的工作就是每天对生产的食品进行抽样检查，并将结果送至其他部门。2015年10月，因为公司要进行一次全面的食品检查，所以曹春华格外忙碌，不停地对各类食品进行检测。到了中午快下班的时候，曹春华突然感觉头晕，站也站不稳了，同事们见状立刻拨打120并通知了曹春华的家人。在等待救护车的过程中，曹春华晕过去了，后经医院诊断为突发脑出血破入脑室，医院立刻对曹春华进行了抢救手术。但经过抢救，曹春华还是没有好转，并于当天晚上停止了呼吸，血压降低，主要靠呼吸机控制呼吸，靠升压药维持血压。第二天，曹春华的家人经过商量向医院提交拒绝治疗的申请书和出院申请书，放弃对曹春华的治疗，因为家人希望她能免受痛苦，医院也同意了曹春华家属的要求。曹春华于当日死亡，医院出具诊断证明，抢救意见为“抢救无效死亡”。处理完曹春华的后事之后，曹春华的家属向公司申请认定曹春华的死亡为工伤。公司则认为，是曹春华的家属主动放弃治疗，导致曹春华死亡，因此不应当认定为工伤。遭到公司的拒绝后，曹春华的家属向当地社会保险行政部门提出曹春华工伤认定的申请。

**1. 曹春华的情况属于工伤吗？**

答：本案中，在曹春华已经停止呼吸，仅靠呼吸机来维持生命的情况下，放弃治疗实属无奈之举，并不违反法律的禁止性规定，因而是允许的。曹春华是在工作时间和工作岗位上突发疾病，在48小时之内经抢救无效死亡，应视同工伤，并得到相应的补偿。

**2. 曹春华的家属可以对曹春华申请工伤认定吗？**

答：根据法律的规定，本案中，在食品加工公司未对曹春华提出工伤认定申请的情况下，曹春华的近亲属可以在事故伤害发生之日起1年内，直接向食品加工公司所在地统筹地区社会保险行政部门提出工伤认定申请。

对于劳动者在工作岗位上突发疾病去世的事件我们并不陌生。按照相关规定，职工在工作时间和工作岗位，突发疾病在48小时之内经抢救无效死亡可以视同工伤，而超过48小时就不会被视同为工伤。

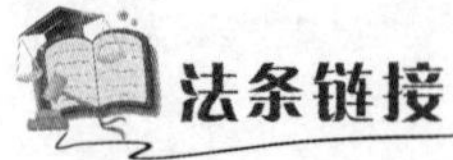

## 法条链接

**《工伤保险条例》**

第十五条　职工有下列情形之一的，视同工伤：（一）在工作时间和工作岗位，突发疾病死亡或者在48小时之内经抢救无效死亡的；（二）在抢险救灾等维护国家利益、公共利益活动中受到伤害的；（三）职工原在军队服役，因战、因公负伤致残，已取得革命伤残军人证，到用人单位后旧伤复发的。

职工有前款第（一）项、第（二）项情形的，按照本条例的有关规定享受工伤保险待遇；职工有前款第（三）项情形的，按照本条例的有关规定享受除一次性伤残补助金以外的工伤保险待遇。

# 第五章
## 物权及消费维权篇

# 第一节　购　车

## 买车遭欺诈，新车变旧车

### 案情简介

2018 年 9 月，康华与某汽车销售公司签订了一份汽车买卖合同。合同约定：轿车单价为 5.68 万元，康华在支付全部购车款后，汽车销售公司于同月 20 日交车。交车几个月后的一天，康华在公路上正常驾车行驶时与酒驾的王某发生碰撞，康华的汽车被送去维修。在维修过程中，康华发现所购车辆曾发生过交通事故，发动机也是被更换过的非原装出厂的发动机。康华遂以该汽车销售公司存在欺诈为由，向当地人民法院提起诉讼，要求该汽车销售公司退还购车款并双倍赔偿损失及承担本次汽车的维修费用。

### 温馨解答

1. 在这个案例中，汽车销售公司的行为是否构成欺诈？

答：所谓欺诈是指一方故意告知对方虚假情况或者故意隐瞒真实情况，使对方陷入错误判断，并基于此错误判断而为意思表示的行为。具体到本案来说，康华与汽车销售公司签订的购车合同虽未明确约定汽车销售公司所交付车辆系全新车辆，但从消费者通常的交易习惯分析，只要双方未注明系购买或出售有瑕疵的车辆，一般应推定消费者所购买的车辆为全新且符合质量要求的产品。本案中，汽车销售公司向康华交付的系发生过交通事故并因此受损的车辆，且交付时未告知康华该车具有重大瑕疵。汽车销售公司的上述行为不仅违背了我国民法典规定的诚实信用原则和公平原则，而且符合欺诈的构成要件，故该汽车销售公司的行为已构成民事欺诈。

**2. 康华是否有权要求该汽车销售公司进行赔偿，可以要求赔偿多少？**

答：康华可以要求该汽车销售公司进行赔偿，具体数额应当为轿车价款的三倍。理由：1994 年 1 月 1 日起实施的《中华人民共和国消费者权益保护法》规定，消费者在购买产品或服务过程中受到欺诈的，经营者应当按照消费者的要求增加赔偿其受到的损失，增加赔偿的金额为消费者购买商品的价款或者接受服务的费用的一倍，即双倍返还。但是 2014 年 3 月 15 日后新修订的《中华人民共和国消费者权益保护法》将这种增加赔偿的金额增加到了三倍。

**3. 在消费领域要想取得三倍赔偿最关键的要素是什么呢？**

答：三倍赔偿的法律规定在民事法律中还是比较特殊的，这是我国首次立法确定的超出损失范围的惩罚性赔偿。取得三倍赔偿的关键在于经营者提供商品或者服务是否存在欺诈行为。本案中，该汽车销售公司在与康华签订汽车买卖合同时存在欺诈行为，因其向康华隐瞒了汽车发生过交通事故及发动机曾经改装过的事实，而汽车及汽车部件是否原装是康华购买此车辆所考虑的重要因素。

## 律师点评

消费者在购买房产、汽车等交易额较大的商品方面，经营者占据天然的优势地位。为了保障交易的公平性和平等性，法律给了广大消费者拿起法律武器维护自己合法权益的保障。《中华人民共和国消费者权益保护法》明确规定了欺诈情形下的三倍赔偿原则，对消费者的权益做了倾斜性的保护。另外，我国其他保障消费者权益的机构及设施也相对完善，消费者还可通过协商、投诉的方式或申请相关机构代为维权。

## 法条链接

**《中华人民共和国消费者权益保护法》**

第三十九条　消费者和经营者发生消费者权益争议的，可以通过下列途径解决：（一）与经营者协商和解；（二）请求消费者协会或者依法成立的其他调解组织调解；（三）向有关行政部门投诉；（四）根据与经营者达成的仲裁协议提请仲裁机构仲裁；（五）向人民法院提起诉讼。

第五十五条　经营者提供商品或者服务有欺诈行为的，应当按照消费者的要求增加赔偿其受到的损失，增加赔偿的金额为消费者购买商品的价款或者接受服务的费用的三倍；增加赔偿的金额不足五百元的，为五百元。法律另有规定的，依照其规定。

经营者明知商品或者服务存在缺陷，仍然向消费者提供，造成消费者或者其他受害人死亡或者健康严重损害的，受害人有权要求经营者依照本法第四十九条、第五十一条等法律规定赔偿损失，并有权要求所受损失二倍以下的惩罚性赔偿。

# “产品召回”知多少

## 案情简介

马旭大学毕业后留在济南上班，因为公司离家远，坐公交车又不方便，于是想买一辆家庭用的小轿车。2016 年 7 月 10 日，马旭与某汽车服务公司签订了汽车销售合同，购买了一辆某品牌的白色轿车，价值 9.8 万元，该车销售时使用的轮胎为 A 品牌轮胎。该品牌汽车公司出具的出厂车辆检验单显示：其轮胎符合标准，为合格品。一天中午，马旭偶然看到电视上正在曝光 A 品牌轮胎存在开裂、鼓包、开线、爆胎等情况，有严重的安全隐患，且 A 品牌轮胎公司已向中华人民共和国国家质量监督检验检疫总局递交了召回报告。马旭考虑到自己购买的汽车所使用的轮胎就是 A 品牌轮胎，但是不知道什么原因，购买时汽车服务公司提供的是轮胎检测合格的检验单。而且作为销售者的某汽车服务公司和作为生产者的某品牌汽车公司均没有向马旭说明产品的具体情况。现在因 A 品牌轮胎出现问题被召回，马旭已经将车放在车库，不敢再驾驶上路了，并表示自己会积极配合商家将存在问题的车辆召回。

## 温馨解答

**1. 在这个案例中，该汽车服务公司是否有义务向马旭告知车辆的真实情况?**

答：有义务。根据法律的规定，消费者在购买商品时，有权对产品的质量及相关信息进行了解，依据了解的状况选择购买或者不购买。消费者享有知悉其购买、使用的商品或者接受的服务的真实情况的权利。因此，案例中该汽车服务公司有义务向马旭告知车辆的真实情况。

**2. 经营者如果发现商品存在缺陷，应该采取什么样的措施?**

答：经营者如果发现其提供的商品或者服务存在缺陷，有危及人身、财产安全危险的，应当立即向有关行政部门报告和告知消费者，并采取停止销售、警示、召回、无害化处理、销毁、停止生产或者服务等措施。采取召回措施的，经营者应当承担消费者因商品被召回支出的必要费用。

## 律师点评

任何产品质量存在问题，经营者都应当被依法追究责任。本案中，马旭发现自己所购买的汽车轮胎出现问题后积极配合经营者对汽车进行召回，从而避免产生更为严重的后果。当然，马旭积极配合经营者送回问题车辆所支付的费用，应该得到相应的费用补偿。另外，如果汽车轮胎确实存在问题，那么经营者可能涉嫌欺诈性销售，马旭可要求汽车服务公司对他进行赔偿。在发生纠纷时，消费者可以通过与经销商、厂商协商，向消费者协会投诉，向行政主管部门（质量监督管理局）请求行政干预，仲裁或者诉讼的途径维护自己的合法权益。

**《中华人民共和国消费者权益保护法》**

第八条　消费者享有知悉其购买、使用的商品或者接受的服务的真实情况的权利。

第十九条　经营者发现其提供的商品或者服务存在缺陷，有危及人身、财产安全危险的，应当立即向有关行政部门报告和告知消费者，并采取停止销售、警示、召回、无害化处理、销毁、停止生产或者服务等措施。采取召回措施的，经营者应当承担消费者因商品被召回支出的必要费用。

# 第二节　买　房

## 谁动了我的房子

### 案情简介

王志军与张花原是夫妻关系，2012 年 11 月 5 日，王志军与张花协议离婚，离婚协议中财产处理部分双方约定，原归王志军与张花共同共有的某处房产现归张花所有。王志军将该房屋交付给了张花，但双方未办理房屋过户登记手续。2013 年国庆节期间，王志军向张花称有一个朋友想暂时借住该房屋一个月左右，张花觉得反正现在房子是空着的，随即将该房屋的钥匙交给了王志军。其实，王志军是想把该房屋卖给他的朋友刘江北，同时他也把该房屋其实是归他前妻张花所有的事实告诉了刘江北，但是刘江北不以为意。随后，王志军与刘江北于 2013 年 10 月 15 日签订了房屋买卖协议，王志军以 60 万元的价格将该房屋出售给了刘江北，并约定刘江北将房款于办理产权过户手续之日起 3 日内通过转账的方式打到王志军指定的建行卡上，双方于 10 月 17 日办理房屋过户登记手续。但是，办理完房屋过户登记手续之后，王志军多次打电话催要房款，刘江北以各种借口拖延支付，一直未向王志军支付任何购房款项，房屋现由刘江北占有、使用。2014 年 1 月，张花发现产权登记变更到刘江北名下后，向王志军问清了事实。她认为王志军、刘江北两人的行为严重侵害了她的合法权益，于 2014 年 1 月 18 日将两人起诉至人民法

院，请求法院依法确认王志军与刘江北之间的购房协议无效，并依法确认该房屋归她一人所有。

**1. 案例中的房屋应当归谁所有？**

答：应属王志军及其前妻张花共同共有。王志军与张花离婚后，虽然在离婚协议中约定该房屋归张花所有，但是他一直没有将该房屋过户到张花名下，所以该房屋还是归王志军及前妻张花共同共有。

**2. 本案中，王志军有权将该房屋出售给刘江北吗？**

答：王志军无权将房屋出售给刘江北。涉案房屋依法属于王志军与张花共同共有，王志军在未征得张花同意的情况下擅自将房屋出售，其行为构成无权处分。

**3. 刘江北与王志军签订了房屋买卖合同并办理了产权过户手续，刘江北能取得该房屋的所有权吗？**

答：本案中，房屋的受让人刘江北在明知该房屋是王志军与其前妻离婚后分割给前妻张花所有的情况下，还是与王志军签订了房屋买卖合同，且未支付对价，虽已办理了涉案房屋的产权过户手续，但并不符合《中华人民共和国民法典》规定的善意取得的法定要件，因而刘江北不能取得此房屋的所有权。

**4. 王志军有权主张解除其与刘江北之间的房屋买卖合同吗？**

答：根据《中华人民共和国民法典》的相关规定，合同具有相对性，当事人双方均可依《中华人民共和国民法典》第五百六十三条规定解除合同。在这个案例中，王志军及刘江北均有权主张解除合同。

本案是房屋买卖合同中比较典型的案例。一般情况下，对共同共有财产的处理上，部分共有人处分共有财产的，应当认定无效。但是第三人善意、有偿取得该项财产的，应当维护第三人的合法权益。因此，对共同财产做出重要处理决定时，共有人应当平等协商，达成一致意见。

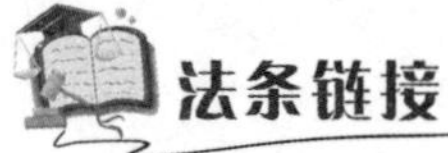

## 法条链接

**《中华人民共和国民法典》**

第三百一十一条　无处分权人将不动产或者动产转让给受让人的，所有权人有权追回；除法律另有规定外，符合下列情形的，受让人取得该不动产或者动产的所有权：

（一）受让人受让该不动产或者动产时是善意；

（二）以合理的价格转让；

（三）转让的不动产或者动产依照法律规定应当登记的已经登记，不需要登记的已经交付给受让人。

受让人依据前款规定取得不动产或者动产的所有权的，原所有权人有权向无处分权人请求损害赔偿。

当事人善意取得其他物权的，参照适用前两款规定。

第五百六十三条　有下列情形之一的，当事人可以解除合同：

（一）因不可抗力致使不能实现合同目的；

（二）在履行期限届满前，当事人一方明确表示或者以自己的行为表明不履行主要债务；

（三）当事人一方迟延履行主要债务，经催告后在合理期限内仍未履行；

（四）当事人一方迟延履行债务或者有其他违约行为致使不能实现合同目的；

（五）法律规定的其他情形。

以持续履行的债务为内容的不定期合同，当事人可以随时解除合同，但是应当在合理期限之前通知对方。

第五百六十六条　合同解除后，尚未履行的，终止履行；已经履行的，根据履行情况和合同性质，当事人可以请求恢复原状或者采取其他补救措施，并有权请求赔偿损失。

**《中华人民共和国城市房地产管理法》**

第三十八条　下列房地产，不得转让：

（四）共有房地产，未经其他共有人书面同意的；

（五）权属有争议的；

（七）法律、行政法规规定禁止转让的其他情形。

## 逾期交房的代价

2017 年 1 月，陈方圆从某置业公司购买了一套位于该市黄金商业区的房屋，双方签订了商品房买卖合同。合同约定：该房屋的用途为商用，建筑面积为 79.64 平方米，房屋总价款为 98 万元，陈方圆首付 39.2 万元，余款 58.8 万元以按揭方式进行支付。置业公司于 2017 年 12 月 31 日之前交房。合同第九条第二款约定，逾期超过 30 日未交房，置业公司应按日向陈方圆支付已交付房价款万分之二的违约金。由于某置业公司未按约定向陈方圆交付房屋，陈方圆与该置业公司又于 2018 年 5 月 10 日签订了一份补充协议书，约定自 2018 年 5 月起该置业公司代陈方圆还付其向银行所付按揭款的 90%。具体操作方式为陈方圆按月按时还付银行按揭款，之后 10 日内该置业公司依据陈方圆的还款凭证将每月按揭款的 90% 的款项支付给陈方圆。该房屋具备交房条件后，由该置业公司书面通知陈方圆收房，自该置业公司通知之日起，上述约定中止履行。陈方圆收房前，双方就该置业公司代付的按揭款和该置业公司应承担的逾期交房违约金进行结算，并结清结算数额，否则该置业公司有权拒绝交房。签订补充协议书之后，从 2018 年 5 月至 2019 年 12 月，该置业公司按约定每月向陈方圆支付了银行按揭款的 90% 的款项。此后便不再支付。为维护合法权益，陈方圆将该置业公司诉至法院。

1. 案例中，置业公司未按合同约定时间交房属于违约行为吗？

答：双方签订的商品房买卖合同是双方真实意思表示，且不违反法律、

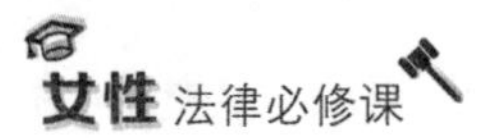


行政法规的强制性规定，因而是合法有效的，双方必须遵守，且按合同约定履行自己的义务。置业公司应当依照商品房买卖合同内容的约定，在规定期限内将房屋交予陈方圆。置业公司未依照合同约定时间交房，属于违约行为。

**2. 陈方圆和该置业公司签订的补充协议书有效吗？**

答：陈方圆和该置业公司签订的补充协议书系双方根据商品房买卖合同中约定的事项做出的真实意思表示，且不违反法律、行政法规的强制性规定，该合同真实有效。

**3. 该置业公司自2020年1月起未支付相应款项的行为是否构成违约？如果构成违约，该置业公司将承担什么样的责任？**

答：该置业公司未按补充协议书中的约定为陈方圆按月按时还付银行按揭款的90%，已构成违约。该置业公司应承担相应的违约责任。根据陈方圆与置业公司于2018年5月10日签订的补充协议书的约定，目前该置业公司还不具备交房条件，陈方圆的按揭款也尚未还清，双方关于代付按揭款的约定还应当继续履行。因此，该置业公司应支付因逾期交房而约定的替陈方圆交付银行按揭款的90%及相应的违约金。

## 律师点评

这个案例是一起典型的由于置业公司逾期交房而引起的纠纷。随着当前城镇化发展，城镇居民住房商品化日趋活跃，由此引发的商品房买卖纠纷已是当前社会的一大热点和焦点问题。逾期交房的原因有很多，比如不可抗力；房屋相关资料不完备；买卖双方签订商品房预售合同后，因规划手续不全、资金不到位等原因导致无法按约定的期限交房。根据《中华人民共和国民法典》等法律的规定，逾期交房将承担违约责任。

## 法条链接

**《最高人民法院关于审理商品房买卖合同纠纷案件适用法律若干问题的解释》**

第十三条　商品房买卖合同没有约定违约金数额或者损失赔偿额计算方

法，违约金数额或者损失赔偿额可以参照以下标准确定：

逾期交付使用房屋的，按照逾期交付使用房屋期间有关主管部门公布或者有资格的房地产评估机构评定的同地段同类房屋租金标准确定。

**《中华人民共和国民法典》**

第一百八十六条　因当事人一方的违约行为，损害对方人身权益、财产权益的，受损害方有权选择请求其承担违约责任或者侵权责任。

第五百七十七条　当事人一方不履行合同义务或者履行合同义务不符合约定的，应当承担继续履行、采取补救措施或者赔偿损失等违约责任。

# 第三节　居住权

## 再婚妻子的居住权

### 案情简介

张大爷早年丧偶，自己含辛茹苦地抚养三个儿子长大成人。看着孩子们都成年了，张大爷非常欣慰，但同时，自己的晚年生活该如何过也成了张大爷考虑的重要问题。2015 年春，张大爷在一次社区活动中结识了李大妈。李大妈年轻时丧偶，有一个女儿也已经成家。相同的经历让两人很有共同语言，生活中也彼此照顾，慢慢地两人成了朋友。2016 年下半年，张大爷和李大妈不顾儿女的反对登记结婚。婚后，张大爷和李大妈作为再婚夫妻深知这段婚姻的不易，彼此相伴照顾，度过了一段和谐美好的生活。但事情并非一帆风顺，2020 年冬，张大爷被查出患有癌症晚期，将不久于人世。得知这个噩耗，张大爷和李大妈都很崩溃。为了妥善安排李大妈将来的生活，张大爷与李大妈签订了一份居住协议，明确约定张大爷去世后，李大妈有权一直居住在张大爷名下的房屋内直到去世。同时，张大爷立下一份遗嘱，明确表示其去世后名下所有财产均由大儿子张大伟继承。后张大爷的大儿子将房产继承过户至自己名下，并将房屋出售给朋友樊志。后在办理房屋交接手续时，樊志、张大伟与李大妈就房屋居住问题发生纠纷。

## 温馨解答

**1. 张大爷和李大妈所签订的居住协议是否有效？**

答：张大爷和李大妈所签订的居住协议是双方自愿签订，是双方的真实意思表示，是合法有效的。

**2. 李大妈是否可以以其与张大爷签订了居住协议为由要求继续在房屋内居住？**

答：不能。根据《中华人民共和国民法典》关于居住权的相关规定，居住权的设立应当向登记机构申请居住权登记，居住权自登记时设立。本案中，李大妈虽然与张大爷签订了合法有效的居住协议，但并未办理居住权登记手续，张大爷也未在遗嘱中对李大妈的居住权特别明示，张大伟按照张大爷所立遗嘱将房产继承过户到自己名下，对房屋具有合法所有权和处分权，樊志经合法交易善意取得该房产并支付了对价，因此其对房屋的权益应当得到法律保护，故李大妈无法以居住协议约定对抗房屋买受人樊志。

## 律师点评

《中华人民共和国民法典》在物权编的用益物权部分规定了居住权制度，即居住权人有权按照合同约定，对他人住宅享有占有、使用的用益物权，以满足生活居住的需要。居住权的设立不仅要签订书面的居住权合同，还应当严格履行向登记机构申请居住权登记的程序，否则无法对抗善意第三人。本案中，张大爷由于没有履行居住权登记行为，从而导致其妥善安排妻子李大妈居住问题的意愿没能得以实现。

## 法条链接

**《中华人民共和国民法典》**

第三百六十六条　居住权人有权按照合同约定，对他人的住宅享有占有、使用的用益物权，以满足生活居住的需要。

第三百六十七条　设立居住权，当事人应当采用书面形式订立居住权合同。居住权合同一般包括下列条款：（一）当事人的姓名或者名称和住所；（二）住宅的位置；（三）居住的条件和要求；（四）居住权期限；（五）解决争议的方法。

第三百六十八条　居住权无偿设立，但是当事人另有约定的除外。设立居住权的，应当向登记机构申请居住权登记。居住权自登记时设立。

# 第四节　商场购物

## 在超市摔伤，谁来负责

### 案情简介

2014 年 5 月 8 日，家住某小区的张淼女士到小区附近的某大型超市购物，在路过生鲜区靠近冷冻商品的通道时，踩到了地面上的大片水渍，滑倒并受伤。经医院诊断，张淼右内踝、后踝撕脱骨折，右膝关节内侧半月板损伤，需住院半个多月。后经过伤情鉴定，张淼的受伤和在超市摔倒存在因果关系，构成十级伤残。原本还在打工的张淼无法继续工作，只好在家休养。2015 年 4 月，因双方就赔偿事宜未达成一致，张淼一纸诉状把超市告上了法庭。张淼要求超市赔偿其医疗费、护理费、营养费、交通费、误工费、残疾赔偿金、后续治疗费、精神损害抚慰金等共计 30 万元。

### 温馨解答

1. 在这个案例中，超市是否应该承担张淼提出的赔偿责任?

答：根据相关法律的规定，宾馆、商场、银行、车站、娱乐场所等公共场所的管理人或者群众性活动的组织者，未尽到安全保障义务，造成他人损害的，应当承担侵权责任。超市作为公共场所，应在自己的管理范围内尽到安全保障的义务。本案中，超市方面没有及时清理地面上的水渍，导致来超市购物的张淼滑倒摔伤，超市应当承担一定的责任。

**2. 作为受害人的张淼是否也有一定的责任呢？**

答：张淼作为一个完全民事行为能力人，在超市购物的过程中应尽谨慎注意的义务，因此，她在超市滑倒摔伤，自己也应承担一定的责任。

## 律师点评

超市是一个公共场所，对进入该场所的消费者、潜在消费者或其他人员都应给予人身安全的保障。超市、商场等公共消费场所的经营者对消费者在购物或接受服务过程中的人身或财产安全负有安全保障义务。对存在缺陷、可能引发危险的设施、设备应在显著位置予以警示，并提供安全防护措施，最好设专人对购物人群给予引导、协助或提示；同时，应当定期检查、排查常用设施设备，对有危险的地方应当及时修理更换，以保障消费者的安全。在本案中，超市由于没有及时清理冷冻区地面上的大片水渍，造成顾客十级伤残，应该承担赔偿责任。另外，消费者在公共消费场所购物时，应提高自身防范意识，对可以预见、可以认知的危险应尽量加以避免。

## 法条链接

**《中华人民共和国民法典》**

第一千一百九十八条　宾馆、商场、银行、车站、机场、体育场馆、娱乐场所等经营场所、公共场所的经营者、管理者或者群众性活动的组织者，未尽到安全保障义务，造成他人损害的，应当承担侵权责任。

**《中华人民共和国消费者权益保护法》**

第四十八条第二款　经营者对消费者未尽到安全保障义务，造成消费者损害的，应当承担侵权责任。

# 展销会购物易维权难

## 案情简介

家住 A 市的胡芳华在报纸上看到国庆期间 A 市会展中心将举行一场美容产品展销会活动。兴致勃勃的她决定到现场看一下。她走到一家化妆品展台，见某品牌化妆品正在促销，就针对某一款产品咨询了一下工作人员。经工作人员介绍，她认为这款产品很适合自己，就买了一套，一共花费 150 元。回到家，胡芳华迫不及待地打开了化妆品包装，开始按照工作人员的讲解使用化妆品。使用一个星期后，胡芳华的脸上开始出现红点，她以为只是过敏反应，遂停止使用该化妆品。可令胡芳华没想到的是，脸上的斑点越来越大，几乎布满了整个脸。胡芳华拿着从展销会上买来的化妆品到几家大型商场的该品牌专柜鉴别真伪。品牌专柜营业员告诉胡芳华，她购买的该品牌化妆品不是正品，而是假货。胡芳华这才知道自己上当受骗了，就去展销会上找那个摊位退货。到了会展中心胡芳华发现，为期三天的展销会早已结束，现场已没有了她当时买化妆品的那个摊位。胡芳华一时慌了神，不知该如何维护自己的合法权益。

## 温馨解答

**1. 展销会举办者有什么样的义务？**

答：展销会举办者负有审查参展者信誉和保证其在展销会期间的活动符合法律规定的义务。对参展者销售商品损害消费者合法权益的行为，无论是发生在展销会期间还是展销会结束之后，举办者都负有一定责任。

**2. 在展销会上所购产品出现问题，消费者应怎样维权？**

答：根据《中华人民共和国消费者权益保护法》的规定，消费者如遇在展销会上所购产品出现问题时，应及时找商家处理，如果涉及产品质量问题，生产者和销售者要承担连带责任。在展销会已经结束，联系不到生产者和销售者时，也可以向展销会的举办者、柜台的出租者索赔。

## 律师点评

由于展销会具有流动性、临时性的特点，许多销售商抓住“打一枪换一个地方”的漏洞，以次充好，甚至不提供正规消费凭证，致使消费者维权难。尤其个别小型展销会参展门槛低，缺乏监管，极易产生消费纠纷。因此，大家在展销会上购物时要擦亮双眼，认真查看产品的信息是否符合《中华人民共和国产品质量法》的有关规定，要留意产品的生产单位、标示、产地、生产日期、保质期等信息；如果是食品、化妆品，还要注意是否有QS认证等专门标示；购买前要注意查看展会举办方、销售方的资质是否正规，提高警惕，同时保留好消费凭证和购买证据，便于事后维权。消费者还要注意选择编号齐全的正规展位，看清销售的产品与展位的标牌是否一致，防止被混入展会的假冒伪劣商品蒙骗。

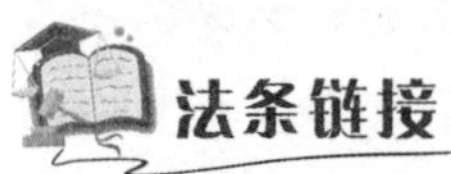

## 法条链接

**《中华人民共和国消费者权益保护法》**

第四十三条　消费者在展销会、租赁柜台购买商品或者接受服务，其合法权益受到损害的，可以向销售者或者服务者要求赔偿。展销会结束或者柜台租赁期满后，也可以向展销会的举办者、柜台的出租者要求赔偿。

# 第五节　网络购物

## 产品质量不过关，网站、厂家“踢皮球”

### 案情简介

2013年5月，周桦因房屋装修需要，和邻居们在一个网站上报名参加了某品牌卫浴产品的团购活动。几天之后，该品牌的工作人员给周桦和邻居们发送了产品的详细介绍以及其他客户的评价表，并拿着样品到周桦所在的小区给团购的居民检验试用。周桦和邻居们觉得产品不错，而且价格也比较实惠，于是各自从网上花费2000元订购了一套。不久，安装工人上门安装，周桦发现水龙头和当时选购的产品似乎有差异，看上去也不结实，于是就和安装工人说明了这个情况。但安装工人坚持说是同一款产品，并出示了产品的合格证及型号。周桦当时想，也可能是自己记错了，就让工人安装了。后来，在使用的过程中，周桦发现管道的接口总是渗水，马桶开关也不好用，于是就问了一下一同购买这款产品的邻居。邻居们反映他们买的产品也有类似的毛病。可是他们多次打电话给生产厂家和网站，都没有得到满意的答复。水龙头渗水的问题越来越严重。周桦和邻居们多次上门找到团购方和销售方协商调换、维修的相关事宜，可他们总是互相推诿，谁都不想承担责任。

**1. 产品质量有问题，周桦和邻居们该如何维权呢？**

答：根据《中华人民共和国消费者权益保护法》的相关规定，生产者和销售者应当为消费者提供质量合格的产品，不得以次充好，以假乱真。在这个案例中，周桦和邻居们买到的卫浴产品存在明显的质量不合格问题。周桦和邻居们在与商家协商不成的情况下，只能拿起法律武器维护自己的合法权益。他们可以起诉组织团购的销售者，如果该团购网站不能提供销售者的有效信息，周桦和邻居们也可以向网络交易平台提供者要求赔偿。

**2. 厂家、团购销售者、网络交易平台之间如何承担各自的责任？**

答：根据《中华人民共和国消费者权益保护法》的相关规定，网络交易平台提供者明知或者应知销售者或者服务者利用其平台侵害消费者合法权益，未采取必要措施的，依法与该销售者或者服务者承担连带责任。网络交易平台提供者已尽到法律规定的义务，由法院明确究竟是生产者还是销售者的责任，可以先由网络交易平台承担责任后，再由网络交易平台向有责任的一方追偿。在本案中，周桦可以把厂家、团购销售者、网络交易平台列为共同被告，要求他们对周桦买到的卫浴产品在使用过程中出现渗水等问题承担连带赔偿责任。

**3. 消费者在网络购物中应当注意哪些事项？**

答：为避免在发生网络购物纠纷后无门可诉，消费者在网络购物中应提高维权意识。在交易过程中，注意对销售页面、付款界面、客服聊天记录等进行截图保存，并保留好相关确认短信或者纸质的交易凭证（收货快递单据及销售者提供的发票等），在发现商品或者服务与约定情况不符时，要及时进行拍照或者录像。一旦发现问题后，消费者要及时与购物网站联系，且在与客服沟通过程中，进行必要的电话录音等。

## 律师点评

网络交易在带给我们便利的同时，也存在许多隐患，网络团购纠纷时有发生。在这里，律师提醒各位消费者，团购固然经济实惠，但在团购时要提高警惕，注意甄别，慎重下单。此外，消费者还应综合考虑所购商品的品牌、诚信度、价格等因素，选择正规的、声誉好的团购网站和商家，不要盲目跟风和贪图便宜。对于团购网站上发布的团购信息要仔细阅读，尤其对于消费内容和时间的限制条款，若有不合理的地方尽量“绕道而行”，避免纠纷的发生。

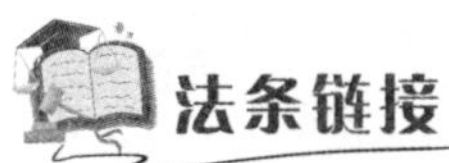

## 法条链接

**《中华人民共和国消费者权益保护法》**

第四十四条　消费者通过网络交易平台购买商品或者接受服务，其合法权益受到损害的，可以向销售者或者服务者要求赔偿。网络交易平台提供者不能提供销售者或者服务者的真实名称、地址和有效联系方式的，消费者也可以向网络交易平台提供者要求赔偿；网络交易平台提供者作出更有利于消费者的承诺的，应当履行承诺。网络交易平台提供者赔偿后，有权向销售者或者服务者追偿。

网络交易平台提供者明知或者应知销售者或者服务者利用其平台侵害消费者合法权益，未采取必要措施的，依法与该销售者或者服务者承担连带责任。

# 都是团购惹的祸

## 案情简介

艾米是一名刚毕业的大学生，十足的“90后”性格，平常买什么东西都喜欢网购。2015年5月，艾米无意中在网上发现一个很不错的理发店在搞团购，原价899元的烫染发套餐现在只需要99元。这下艾米心动了，她正好想换个新发型，这家理发店在当地很有名，但因为太贵，所以艾米从来没去过，现在有了团购，可以去体验一把，何乐而不为呢？于是，艾米支付了99元，团购了一张烫染套餐券。根据提示，团购券使用时需要提前预约。到了周末，艾米想去做头发，于是就打电话给理发店预约，可理发店称预约已满。之后的几天，无论艾米几点打电话，只要一提团购，理发店都称预约已满。后来，艾米用同学的电话打给理发店预约做头发，没有提团购的事，这下理发店的服务员很痛快地说随时可以过去。可等到艾米真正来到理发店提到团购的时候，服务员又改口说，今天的预约已经满了，在团购券的基础上加钱才可以在今天做头发。艾米和服务员理论了一番，但没能解决问题。本来想享受实惠，没想到却招来一肚子的气，艾米不知该如何处理。

## 温馨解答

**1. 案例中，理发店的行为应当如何认定？**

**答：**理发店的行为属于虚假宣传。根据《中华人民共和国消费者权益保护法》第十九条的规定，经营者应当向消费者提供有关商品或者服务的真实信息，不得做引人误解的虚假宣传。该案例中，理发店发布团购信息却不为团购消费者服务，显然有虚假宣传的成分。

**2. 艾米应该如何维护自己的权益？**

**答：**艾米可以要求团购网站退还费用，也可以要求理发店按照团购宣传履行相应义务。

**3. 对于服务类团购，应该注意些什么？**

**答：**在服务类团购中，预约困难或被区别对待等是经常发生的事。团购时应多留意消费细则与商家投诉记录。当团购消费者发现问题后，应首先找商家沟通。如协商未果，可拨打消费者维权电话或者将情况反映给辖区工商行政管理部门。经调查若情况属实，工商行政管理部门将督促商家对消费者提供服务或者进行退款（赔偿）。

## 律师点评

网络团购是通过互联网渠道将有购买意向的消费者组织起来，向厂商进行大宗购买的行为。主要包括消费者自发组织的网络团购、厂商发起的网络团购、第三方网站提供交易平台的网络团购。作为一种新兴的消费方式，目前还没有相关的规则对其进行约束，网络团购诈骗、团购陷阱以及售后服务不完善等问题一直困扰着消费者。在此，律师提醒消费者，网络团购不能一味贪图小利，在选择网络团购以博取价格优惠的同时，更应全面考虑和关注商家的专业水平、售后服务等信息，尤其是在购买一些大件商品时，一定要咨询律师或其他相关人士，以避免不必要的麻烦。

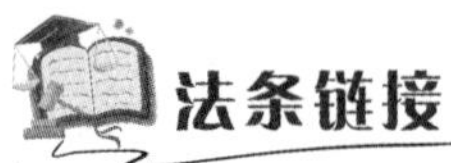

## 法条链接

**《中华人民共和国消费者权益保护法》**

第二十条第一款　经营者向消费者提供有关商品或服务的质量、性能、用途、有效期限等信息，应当真实、全面，不得作虚假或者引人误解的宣传。

# 第六节　医疗美容

## “不翼而飞”的美容院

### 案情简介

刚过30岁生日的白领邱静毓，在一次逛街途中，与闺蜜偶然路过商业街新开的一家美容院。美容院为庆祝开张，开展优惠大酬宾活动，凡于当日到店进行免费美容体验的顾客都将获得一份精美的礼品。体验过后如果能办理美容卡的，将再赠送5次免费体验卡。经过免费体验后，经不住店员的游说，邱静毓和闺蜜在这家美容院办理了美容卡。办理美容卡需要预先在卡内存付5000元，卡于次日生效，于办卡后一年内可在任意时间到店内进行美容服务。美容店也按照活动宣传的内容，对办卡后的邱静毓和闺蜜赠送了额外的美容体验。在几次美容体验过后，当邱静毓再次来到这家美容院时，却发现美容院大门紧闭。听周围的商家说，美容院已经关门好几天了。邱静毓走近发现，美容院内的大部分设备已被搬走，而事实上，邱静毓没有接收到任何关于美容院歇业搬迁的通知。邱静毓卡中还没有消费的预存款应当如何处置呢？

### 温馨解答

1. 案例中，美容院给邱静毓办理的美容卡是什么性质的卡？

答：案例中，美容院给邱静毓办理的美容卡属于单用途商业预付卡。根

据《单用途商业预付卡管理办法（试行）》的规定，单用途商业预付卡是指企业发行的，仅限于在本企业或本企业所属集团或同一品牌特许经营体系内兑付货物或服务的预付凭证，包括以磁条卡、芯片卡、纸券等为载体的实体卡和以密码、串码、图形、生物特征信息等为载体的虚拟卡。因此，在这个案例中，美容院发给邱静毓的美容卡，从使用范围、使用方式以及卡片的类型等方面看，应属预付卡范围。

**2. 办理类似美容院预付卡的消费者应当如何维护自己的合法权益？**

**答：**消费者在享受服务之前，与美容院之间实际上签订了服务合同，两者之间已经形成了受法律保护的合同关系。按照《中华人民共和国民法典》的规定，合同双方均有严格按照合同约定履行合同内容的义务。表现在消费者方面，消费者有享受美容院方面提供的服务的权利，美容院有为消费者提供优质的服务的义务。案例中，美容院突然关闭门店，导致消费者无法继续享受应有的服务，已构成实质违约，应承担违约责任。根据相关法律的规定，消费者可以选择要求美容院退还预付卡内的余额。

**3. 案例中的美容院应该承担什么样的责任？**

**答：**根据法律规定，经营者以预收款方式提供商品或者服务的，应当按照约定提供。未按照约定提供的，应当按照消费者的要求履行约定或者退回预付款，并应当承担预付款的利息、消费者必须支付的合理费用。因此，案例中的美容院应当承担违约责任，向邱静毓退回预付款，并支付相应的利息等费用。

## 律师点评

如今，美容院美容卡、理发店美发卡等预付消费卡逐渐成为一种潮流。预付消费卡给消费者带来便利和优惠的同时，也产生了不少消费纠纷。常见的有以下两种：一是消费者买了金额不菲的预付卡后，商家突然玩“人间蒸发”；二是商家提供的合同中有霸王条款，限制消费者的权利，当消费者要求退卡时，商家却声明“一经售出，概不退款”。根据法律的规定，以预付款方式提供服务的经营者未按约定提供服务的，应当根据消费者的要求提供服务或者退还预付款。

## 法条链接

**《中华人民共和国民法典》**

第一百八十六条　因当事人一方的违约行为，损害对方人身权益、财产权益的，受损害方有权选择请求其承担违约责任或者侵权责任。

第五百零九条　当事人应当按照约定全面履行自己的义务。

当事人应当遵循诚信原则，根据合同的性质、目的和交易习惯履行通知、协助、保密等义务。

当事人在履行合同过程中，应当避免浪费资源、污染环境和破坏生态。

**《中华人民共和国消费者权益保护法》**

第十六条　经营者向消费者提供商品或者服务，应当依照本法和其他有关法律、法规的规定履行义务。

经营者和消费者有约定的，应当按照约定履行义务，但双方的约定不得违背法律、法规的规定。

经营者向消费者提供商品或者服务，应当恪守社会公德，诚信经营，保障消费者的合法权益；不得设定不公平、不合理的交易条件，不得强制交易。

第五十三条　经营者以预收款方式提供商品或者服务的，应当按照约定提供。未按照约定提供的，应当按照消费者的要求履行约定或者退回预付款；并应当承担预付款的利息、消费者必须支付的合理费用。

**《单用途商业预付卡管理办法（试行）》**

第二条　从事零售业、住宿和餐饮业、居民服务业的企业法人在中华人民共和国境内开展单用途商业预付卡业务适用本办法。

本办法所称单用途商业预付卡（以下简称单用途卡）是指前款规定的企业发行的，仅限于在本企业或本企业所属集团或同一品牌特许经营体系内兑付货物或服务的预付凭证，包括以磁条卡、芯片卡、纸券等为载体的实体卡和以密码、串码、图形、生物特征信息等为载体的虚拟卡。

# 变质的美容精华液

## 案情简介

某美容院最近引进了一款新的抗衰老除皱精华液。该美容院宣称，顾客在完成眼部除皱手术后，坚持涂抹本款精华液三个月，除皱效果将更为明显。刚满40岁的王安然面对生活及工作的巨大压力，眼部细纹越来越多，追求完美的她走进了这家美容院，选择了淡化眼部细纹、去除眼袋的手术。手术完成后，美容院的工作人员便向王安然推荐了这款新引进的强化手术效果的精华液，并向王安然详细介绍了该款精华液的使用方法。王安然没有抵挡住工作人员的宣传攻势，就购买了这款强化手术效果的精华液。在涂抹了三天后，王安然的眼部出现红肿等症状。王安然遂找到美容院询问原因，美容院的答复是，新款精华液含中药成分，会对皮肤产生一定的刺激，只要坚持涂抹，红肿症状便会消失。在坚持涂抹完这款精华液之后，王安然也从最初的眼部红肿变成了现在的“熊猫眼”，虽然淡化了眼纹，但黑黑的“熊猫眼”令她苦不堪言。她拿着这款精华液到相关机构做了鉴定，被告知这款精华液确实在相关部门登记备案过了，是一款质量优良的美容产品，但其有严格的保存要求。如果不严格按照低温标准进行保存，变质后的精华液将无法达到使用者所希望达到的效果。回想起当时美容院将精华液仅仅存放在其柜台内，并没有进行低温存储，王安然终于找到了自己的眼睛变成“熊猫眼”的原因。

## 温馨解答

1. 王安然能否要求美容院对其进行赔偿呢？

答：根据《中华人民共和国民法典》的相关规定，美容院作为该款精华液的销售者在产品出现问题时，适用过错责任原则为主，严格责任原则为辅的归责原则。由于销售者的过错使产品存在缺陷，造成人身、他人财产损害的，销售者应当承担侵权责任。销售者不能指明缺陷产品的生产者也不能指明缺陷产品的供货者的，销售者应当承担侵权责任。本案中，美容院没有按照低温保存的要求保存该精华液致使其发生变质，变质后的精华液对王安然的眼部造成了损害，因此，销售者美容院对其销售的产品精华液给消费者造成损害存在过错，应当承担相应的赔偿责任。

**2. 王安然可以向哪些人提出赔偿要求呢？**

答：王安然既可以向精华液的销售者某美容院提出赔偿要求，也可以向精华液的生产商提出赔偿要求。根据相关法律的规定，因产品存在缺陷造成他人人身、财产损害的，受害人可以向产品的生产者要求赔偿，也可以向产品的销售者要求赔偿。属于产品的生产者的责任，产品的销售者赔偿的，产品的销售者有权向产品的生产者追偿。属于产品的销售者的责任，产品的生产者赔偿的，产品的生产者有权向产品的销售者追偿。如果产品的运输者在运输过程中运输不当导致产品变质的，消费者也可要求产品运输者赔偿。

**3. 受害人王安然主张的赔偿范围有哪些？**

答：本案受害人王安然主张的赔偿范围包括医疗费、治疗期间的护理费、因误工减少的收入、生活补助费、残疾赔偿金等费用。同时，王安然还可主张精神损失费。

## 律师点评

本案涉及的是因产品质量问题致人受伤应由谁来承担责任的问题。众所周知，产品从生产者到消费者，中间要经过批发、销售、仓储、运输等环节，这些环节对产品的质量都负连带责任。因此，消费者在购买到不合格产品并造成人身损害时，可以向产品的销售者、生产者、运输者、保管者任意一方提出赔偿请求。在对消费者进行赔偿后，无责任方可向有责任方进行追偿。

## 法条链接

**《中华人民共和国产品质量法》**

第四十一条第一款　因产品存在缺陷造成人身、缺陷产品以外的其他财产（以下简称他人财产）损害的，生产者应当承担赔偿责任。

第四十三条　因产品存在缺陷造成人身、他人财产损害的，受害人可以向产品的生产者要求赔偿，也可以向产品的销售者要求赔偿。属于产品的生产者的责任，产品的销售者赔偿的，产品的销售者有权向产品的生产者追偿。属于产品的销售者的责任，产品的生产者赔偿的，产品的生产者有权向产品的销售者追偿。

第四十四条　因产品存在缺陷造成受害人人身伤害的，侵害人应当赔偿医疗费、治疗期间的护理费、因误工减少的收入等费用；造成残疾的，还应当支付残疾者生活自助具费、生活补助费、残疾赔偿金以及由其扶养的人所必需的生活费等费用；造成受害人死亡的，并应当支付丧葬费、死亡赔偿金以及由死者生前扶养的人所必需的生活费等费用。

因产品存在缺陷造成受害人财产损失的，侵害人应当恢复原状或者折价赔偿。受害人因此遭受其他重大损失的，侵害人应当赔偿损失。

## 整容风波

### 案情简介

2017 年 8 月 20 日，张晓玉到某专业美容中心做下眼睑外侧除皱手术，手术前按要求缴纳了手术费 1200 元并办理了住院手续。术后，张晓玉认为手术不但没有达到预期的效果，反而使她的眼部出现了明显的下眼袋，于是找该美容中心协商解决办法。2017 年 9 月 7 日，该美容中心为张晓玉免费实施了剔除眼袋手术，并注射填充物，术后双下眼睑外翻再次加重。张晓玉再一次找到美容中心，美容中心又为她免费实施了颞部除皱手术，但张晓玉觉得效果还是不理想。2017 年 10 月，张晓玉到综合医院就诊，被诊断为双眼下睑外翻，需通过 2 ~ 3 次手术进行治疗，所需费用近万元。与此同时，张晓玉于 2017 年 11 月 23 日向某鉴定机构申请鉴定，要求鉴定其双眼睑外翻是否构成伤残等级。经鉴定，张晓玉的双眼睑外翻与美容手术有关，构成十级伤残。为维护自己的合法权益，张晓玉将美容中心起诉至法院，要求其双倍返还手术费，并赔偿医药费、误工费、残疾生活补助费、交通费、鉴定费以及精神抚慰金。

## 温馨解答

**1. 什么是医疗美容纠纷？医疗美容纠纷的主要类型有哪些？张晓玉的遭遇属于哪种情形？**

答：顾名思义，医疗美容纠纷是指消费者到医疗美容机构进行美容时，由于医疗美容机构不适当履行相关约定或因其他原因造成消费者财产或人身损害所产生的纠纷。实践中，医疗美容纠纷主要包括以下类型：一是医疗失误导致美容纠纷；二是患者原因导致美容纠纷；三是因非法行医导致美容纠纷。本案中，张晓玉到某专业美容中心做下眼睑外侧除皱手术，非但没有达到预期的效果，反而出现了明显的下眼袋，这是美容中心造成的，所以张晓玉的遭遇应当属于医疗失误导致美容纠纷。

**2. 张晓玉可否主张精神损害赔偿？**

答：可以。消费者在医疗美容纠纷中受到的损害不同于一般的人身损害，美容产品存在质量缺陷不仅会造成消费者身体上的伤害，而且也会引发消费者心理层面的负担，特别是消费者因美容纠纷导致的身体残疾、面部受损等严重后果，会造成消费者精神的极度痛苦。因此，我国法律针对医疗美容纠纷规定了精神损害的经济补偿责任。本案中，张晓玉可以在要求美容院承担人身损害赔偿的同时要求精神损害赔偿。

## 律师点评

如今，很多人热衷于整容，或是为了择偶、求职，或是单纯地想要更漂亮。然而在利益驱使下，医疗美容行业鱼龙混杂，水平参差不齐，医疗美容纠纷时有发生。我国医疗美容行业目前存在着内部管理不规范、外部监管不到位两方面的问题。在发生医疗美容纠纷时，大多数的医疗美容机构也往往不会站在受害的消费者的利益角度考虑，而是以各种理由推脱责任，逃避处罚。

为了减少医疗美容纠纷事件对消费者权益的侵害，律师在此提醒大家，首先，在做医疗美容前，要对医疗美容机构的资质、经营范围做全面审核。

其次，在术前和术后都要进行医疗拍照，一旦出现了医疗美容纠纷，可以作为很好的维权证据。

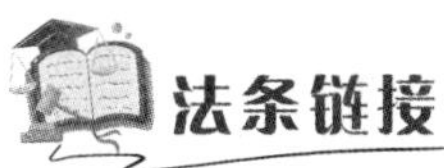

## 法条链接

**《中华人民共和国民法典》**

第一千二百一十九条　医务人员在诊疗活动中应当向患者说明病情和医疗措施。需要实施手术、特殊检查、特殊治疗的，医务人员应当及时向患者具体说明医疗风险、替代医疗方案等情况，并取得其明确同意；不能或者不宜向患者说明的，应当向患者的近亲属说明，并取得其明确同意。

医务人员未尽到前款义务，造成患者损害的，医疗机构应当承担赔偿责任。

**《最高人民法院关于确定民事侵权精神损害赔偿责任若干问题的解释》**

第五条　精神损害的赔偿数额根据以下因素确定：

（一）侵权人的过错程度，但是法律另有规定的除外；

（二）侵权行为的目的、方式、场合等具体情节；

（三）侵权行为所造成的后果；

（四）侵权人的获利情况；

（五）侵权人承担责任的经济能力；

（六）受理诉讼法院所在地的平均生活水平。

# 第七节　餐饮服务

## 吃出来的祸端

### 案情简介

2018年2月14日是张扬和妻子袁莉结婚两周年纪念日。为庆祝一下，他们来到一家火锅店就餐。不觉间餐桌上的火锅燃料耗尽，于是张扬叫火锅店的一名女服务员往锅底添加液体酒精，此时意外发生了，火源点燃酒精，壶内酒精突然燃爆，将正在用餐的袁莉脸部等多处部位烧伤，袁莉随即被送到附近的医院抢救。经诊断，袁莉全身多处火焰烧伤，烧伤面积达到40%，为烧伤Ⅱ度。该火锅店自知自己使用了不合格的酒精燃料，很爽快地支付了袁莉住院期间的医疗费用，另外又向袁莉支付了3000元作为经济补偿。遭遇此次烧伤变故后，袁莉容貌大变，她认为火锅店负有不可推卸的责任，遂对其伤残程度申请鉴定，结果为烧伤遗留面部瘢痕构成人体损伤七级伤残，营养期限与护理期限均以90日为宜，建议后续治疗费用两万元左右。袁莉为此支出鉴定费用2000元。

## 温馨解答

**1. 袁莉就餐时受伤，能否向火锅店主张权利？**

答：可以。根据《中华人民共和国消费者权益保护法》的规定，作为经营者的火锅店，应当对消费者尽到安全保障义务。火锅店应当保证自己所提供的酒精燃料是合格的，并保证工作人员操作规范。

**2. 火锅店应当如何赔偿袁莉？**

答：根据《中华人民共和国消费者权益保护法》的规定，作为经营者的火锅店提供服务时，造成袁莉人身伤害，应当赔偿袁莉医疗费、护理费、交通费等为治疗和康复支出的合理费用，以及因误工减少的收入。袁莉经鉴定已构成七级伤残，火锅店还应当赔偿袁莉残疾赔偿金。

**3. 袁莉可以要求精神损害赔偿吗？**

答：可以。根据相关法律及司法解释的规定，袁莉在就餐时遭遇火锅爆炸，导致容貌受损，在一定程度上受到了精神损害，因此，袁莉可依法向火锅店请求精神损害赔偿。

## 律师点评

安全保障义务是指餐馆、宾馆等经营场所的经营者必须履行的合同附随义务。作为经营者，有义务在合理限度内为来其场所内的所有人员提供人身和财产的安全保障。这里的“合理限度”一般从以下几个方面予以认定：一是是否符合人们最基本的生活经验和操作规程要求；二是防范保障措施是否适当、有效；三是危险预见的可能性大小及采取防范措施的必要性和可能性大小。

本案中，火锅店为顾客提供服务时，使用不合格的酒精燃料，导致袁莉受伤和容貌毁损，具有不可推卸的责任，构成侵权。袁莉可以依法要求火锅店赔偿其因治疗造成的财产损失以及承担一定程度的精神损害赔偿。

## 法条链接

**《中华人民共和国消费者权益保护法》**

第十一条　消费者因购买、使用商品或者接受服务受到人身、财产损害的，享有依法获得赔偿的权利。

第十八条　经营者应当保证其提供的商品或者服务符合保障人身、财产安全的要求。对可能危及人身、财产安全的商品和服务，应当向消费者作出真实的说明和明确的警示，并说明和标明正确使用商品或者接受服务的方法以及防止危害发生的方法。

宾馆、商场、餐馆、银行、机场、车站、港口、影剧院等经营场所的经营者，应当对消费者尽到安全保障义务。

第四十九条　经营者提供商品或者服务，造成消费者或者其他受害人人身伤害的，应当赔偿医疗费、护理费、交通费等为治疗和康复支出的合理费用，以及因误工减少的收入。造成残疾的，还应当赔偿残疾生活辅助具费和残疾赔偿金。造成死亡的，还应当赔偿丧葬费和死亡赔偿金。

# 在宾馆遇盗贼，责任谁承担

## 案情简介

刘先生是一家公司的销售人员，有一次去外地出差，在一家环境不错的宾馆办理了入住手续。第二天一早醒来后，他惊讶地发现放在枕头边上的财物不翼而飞。经宾馆工作人员检查，房间门外锁完好无损。刘先生统计了一下，丢失的物品有出差前向公司借的出差款3000元、一部价值2800元的手机、一部价值3000元的工作手提电脑、一块价值500元的手表。随后双方向当地派出所报了案。后经民警现场勘察，门窗完好无损。当民警要求查看宾馆监控时，宾馆方面称，因为监控的一个硬盘坏了，无法正常查看近期的监控视频。后警方对此事立案并介入调查。刘先生要求宾馆先行赔偿，但宾馆方面表示，因为刘先生没有将财物在宾馆前台贵重物品登记处登记，不知道他丢失的东西是否属实，无法对其丢失的财物进行公平的衡量，只能通过公安机关对犯罪嫌疑人进行抓捕，追回财物。双方未能达成一致意见。

## 温馨解答

1. 宾馆对旅客负有哪些义务？

答：宾馆对旅客的人身财产负有安全保障义务，如果没有尽到合理限度范围内的安全保障义务（如门、窗户等安全措施没到位），致使客人财产损害的，应当承担相应的赔偿责任。反之，宾馆若尽到了安全保障义务致使客人财产损害的，还要视具体情况而定。本案中，刘先生称自己失窃财物，应当提出确凿的证据，或者等公安机关调查后确定。

2. 刘先生该如何维权？

答：根据相关法律的规定，消费者在接受服务或者购买商品时，如果权益受到了损害，可以首先选择跟经营者协商；如协商不成，可请消费者协会出面进行调解；如果双方达不成调解协议，或者争议较大，也可以选择向人民法院起诉。在本案中，刘先生可以先跟宾馆自行协商赔偿损失事宜，如协商不成，可以请求消费者协会进行调解，也可以向宾馆所在地的法院起诉。

## 律师点评

此类纠纷处理起来难度较大，在相关证据的搜集方面也比较难。消费者如果在宾馆内丢失自己的物品，与宾馆协商赔偿事宜时，首先应当证明自己丢失物品的种类、价值。作为宾馆方，如果能举证证明自己尽到了安全防范义务，比如说安装了监控，安装了防盗的门锁或者有其他安保人员定期或者不定期地进行巡视等，可以减轻自身的责任。律师在此提醒大家，在外出住宾馆时，一定要注意自身的生命和财产安全。贵重物品一定要随身携带，夜间睡觉前一定要检查房门是否关好，离开房间时也要注意关好房门。如有贵重物品而又不便携带的，可到服务台办理保管手续。万一被盗，要尽快报警并通知服务台。

**《中华人民共和国消费者权益保护法》**

第十一条、第十八条（见本书第 180 页）

# 第六章
# 人身安全篇

# 第一节　家庭暴力

## 同居暴力

程菲2013年考入一所专科学校学习酒店管理，2016年毕业后到当地的一家酒店上班。2018年年底，程菲经人介绍认识了石磊。石磊在一家国企当技术工人。两人经过一段时间的相处后，便确立了恋爱关系。后来，两人过起了同居生活。然而，两人距离近了，问题却越来越多地暴露出来。最让程菲无法忍受的就是石磊有些怪异的性格、脾气——石磊动不动就大吼大叫，甚至有几次还动手打了自己。每次打完之后，石磊都下跪道歉，但下次脾气上来，照样动手。经过认真考虑，程菲觉得石磊动手打人的行为是性格使然，根本无法改变，于是向石磊提出分手，并从石磊家搬了出来。但石磊坚决不同意分手，并开始了长时间的死缠烂打，从天天打电话、发短信到跟踪再到每日在程菲楼下乱吼乱叫。无奈，程菲决定请假回老家躲一段时间，没想到石磊竟然跟着她回了老家，甚至还威胁她的父母、亲友。最后，程菲交了新男友，想让石磊死心，没想到石磊反而变本加厉，不但把之前和程菲拍的亲密照片发给程菲的新男友，而且还发到网上。程菲现在真的是不堪忍受，只想尽快摆脱石磊，但不知该如何是好。

## 温馨解答

**1. 程菲在同居期间被男朋友殴打，属于家庭暴力吗？**

答：根据《中华人民共和国反家庭暴力法》的规定，家庭成员以外共同生活的人之间实施的暴力行为，参照本法规定执行。也就是说，同居期间一方实施暴力行为的，也适用《中华人民共和国反家庭暴力法》。

**2. 程菲在同居期间遭受暴力，她应该如何来维护自己的权益呢？**

答：首先，程菲选择和石磊分手，并从石磊家里搬出来是正确的。同居期间遭遇暴力，首先需要做的就是先摆脱暴力环境，保证自己的安全。其次，如果程菲在与石磊同居期间因为石磊实施暴力而受伤了，那么她还可以根据伤情追究石磊的民事赔偿责任、行政处罚责任，甚至可以要求他承担相应的刑事责任。

**3. 在程菲和石磊分手后，石磊仍然经常骚扰跟踪程菲，甚至威胁她的家人，程菲应该如何解决这些问题？**

答：根据案例的情况可以看出，石磊对程菲的骚扰已经严重影响了程菲的生活和工作，建议程菲尽快报警。一般情况下有了公安机关的介入，石磊的行为应该会有所收敛。

**4. 石磊将之前和程菲拍的亲密照片发给程菲的新男友，而且还发到网上，他的这种行为在法律上如何定性？程菲是否可以追究他的责任？**

答：根据法律的规定，石磊的行为侵犯了程菲的隐私权。程菲可以收集相关证据，向法院提起人身侵权之诉，要求石磊承担停止侵害、赔礼道歉、赔偿损失等责任。

## 律师点评

这是一起典型的同居暴力案例。根据2016年3月1日施行的《中华人民共和国反家庭暴力法》的规定，家庭成员以外共同生活的人之间实施的暴力行为，参照本法的规定执行。这一规定使得同居期间发生的暴力有法可循，这不仅警示青年男女对待同居问题要慎重，也提醒受害者在遭受暴力时要勇于拿起法律武器维权。

## 法条链接

**《中华人民共和国反家庭暴力法》**

第三十七条 家庭成员以外共同生活的人之间实施的暴力行为，参照本法规定执行。

# 暴力婚姻何去何从

## 案情简介

邵晓彤和魏刚是在一次行业研讨会上认识的，魏刚是一家企业的高管，邵晓彤是另外一家企业的高管。很快两人便开始了恋爱，并在恋爱三个月后步入婚姻的殿堂。邵晓彤和魏刚的婚姻中存在着种种问题。两人都属于事业型员工，放在家里的精力自然就少了一些，因此，两人总是为家务事吵得不可开交。魏刚作为男人有点大男子主义，但邵晓彤作为女强人性格也非常倔强。最终，两人的争吵演变成了动手，每次邵晓彤都被魏刚打得鼻青脸肿。在魏刚的心里，再强的女人也应该服从于男人，不服从就应该被驯服。邵晓彤从来没想过外表文质彬彬的魏刚会做出打老婆这样的事情来，她想要和魏刚离婚，可就在她刚刚下定决心后，却发现自己怀孕了。这个突发情况让邵晓彤决定先维持这段婚姻，一方面她内心里对魏刚还是有感情的；另一方面，她不想让孩子刚出生就没有爸爸。可一想到魏刚对自己动手时的情形，她心里就发怵。邵晓彤究竟如何才能既保住婚姻，又能让自己不再遭受丈夫的暴力呢？

## 温馨解答

**1. 案例中，邵晓彤遭受家庭暴力，她不想离婚，但又想保护自己，她究竟该怎么办呢？**

**答：**对于邵晓彤这种情况，遭受家庭暴力，但又不想通过离婚来摆脱，只想寻求一种方式来保护自己，那么一般建议向法院申请人身安全保护令。

**2. 什么是人身安全保护令？**

**答：**人身安全保护令是一种民事强制措施，是人民法院为了保护家庭暴力受害人及其子女和特定亲属的人身安全而做出的民事裁定。人身安全保护令早在2008年就在我国出现，并逐步推行，2016年3月1日实施的《中华人民共和国反家庭暴力法》正式将人身安全保护令以立法的形式予以确立。

**3. 在什么情况下可以申请人身安全保护令？**

**答：**根据法律的规定，当事人因遭受家庭暴力或者面临家庭暴力的现实危险，可以向人民法院申请人身安全保护令。申请人身安全保护令，应当具备下列条件：（一）有明确的被申请人；（二）有具体的请求；（三）有遭受家庭暴力或者面临家庭暴力现实危险的情形。

**4. 人身安全保护令如何保护家暴受害者？**

**答：**人民法院在受理人身安全保护令申请后，对于符合条件的，会在72小时内做出裁定（紧急情况的，24小时内做出），通过禁止被申请人实施家庭暴力，禁止被申请人骚扰、跟踪、接触申请人及其相关近亲属，责令被申请人迁出申请人住所以及采取其他必要措施来保护受害者。人身安全保护令是法院的生效法律文书，施暴者一旦违反，构成犯罪的，依法追究刑事责任；尚不构成犯罪的，人民法院应当给予训诫，可以根据情节轻重处以1000元以下罚款、15日以下拘留。

## 律师点评

我国第一份人身安全保护令是在2008年8月6日由江苏省无锡市崇安区（现为梁溪区）人民法院签发的。但回顾司法实践，“保护令”的申请却并不乐观，一是因为法律依据不足；二是因为根据《中华人民共和国民事诉讼法》的规定，家暴受害人在申请“保护令”后一定期限内，需依法提起离婚诉讼，否则“保护令”即被解除，这使得很多只想制裁施暴者却并不想离婚的受害人很难申请到“保护令”。这种情况在《中华人民共和国反家庭暴力法》实施后得到改善。该法在第四章对“保护令”的申请条件、形式、期限、保护措施等做了详细的规定，使“保护令”的申请有了明确具体的法律依据，且并未要求“保护令”的申请需依附于离婚诉讼。

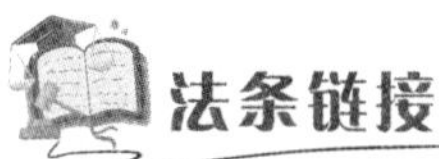

## 法条链接

**《中华人民共和国反家庭暴力法》**

第二十三条　当事人因遭受家庭暴力或者面临家庭暴力的现实危险，向人民法院申请人身安全保护令的，人民法院应当受理。

当事人是无民事行为能力人、限制民事行为能力人，或者因受到强制、威吓等原因无法申请人身安全保护令的，其近亲属、公安机关、妇女联合会、居民委员会、村民委员会、救助管理机构可以代为申请。

第二十四条　申请人身安全保护令应当以书面方式提出；书面申请确有困难的，可以口头申请，由人民法院记入笔录。

第二十五条　人身安全保护令案件由申请人或者被申请人居住地、家庭暴力发生地的基层人民法院管辖。

第二十六条　人身安全保护令由人民法院以裁定形式作出。

第二十七条　作出人身安全保护令，应当具备下列条件：

（一）有明确的被申请人；

（二）有具体的请求；

（三）有遭受家庭暴力或者面临家庭暴力现实危险的情形。

第二十八条　人民法院受理申请后，应当在七十二小时内作出人身安全保护令或者驳回申请；情况紧急的，应当在二十四小时内作出。

第二十九条　人身安全保护令可以包括下列措施：

（一）禁止被申请人实施家庭暴力；

（二）禁止被申请人骚扰、跟踪、接触申请人及其相关近亲属；

（三）责令被申请人迁出申请人住所；

（四）保护申请人人身安全的其他措施。

第三十条　人身安全保护令的有效期不超过六个月，自作出之日起生效。人身安全保护令失效前，人民法院可以根据申请人的申请撤销、变更或者延长。

第三十一条　申请人对驳回申请不服或者被申请人对人身安全保护令不服的，可以自裁定生效之日起五日内向作出裁定的人民法院申请复议一次。人民法院依法作出人身安全保护令的，复议期间不停止人身安全保护令的执行。

第三十二条　人民法院作出人身安全保护令后，应当送达申请人、被申请人、公安机关以及居民委员会、村民委员会等有关组织。人身安全保护令由人民法院执行，公安机关以及居民委员会、村民委员会等应当协助执行。

第三十四条　被申请人违反人身安全保护令，构成犯罪的，依法追究刑事责任；尚不构成犯罪的，人民法院应当给予训诫，可以根据情节轻重处以一千元以下罚款、十五日以下拘留。

## “约好的”家暴赔偿

窦敏与李腾2011年登记结婚，婚后不久，两人签订了一份夫妻协议书，其中的内容为：“如果一方存在重婚、与他人同居、实施家庭暴力、虐待和遗弃家庭成员等情形之一导致离婚的，必须向另一方一次性支付赔偿金20万元

人民币。”之后，在双方的共同努力下，小日子过得红红火火。然而2016年8月的一天，邻居告诉窦敏他看见一名女子在楼下等李腾。李腾下班回家后，窦敏便和他当面对质。李腾觉得面子上过不去，于是对窦敏大打出手，窦敏拨打110求助才得以脱身。此事过后，李腾经常因一言不合就对窦敏拳脚相加。这样反复多次以后，窦敏经过冷静思考，决定和李腾离婚，并要求李腾按照当初的约定付给自己20万元。李腾同意离婚，但拒绝支付这20万元。

## 温馨解答

**1. 案例中，窦敏和李腾签订的夫妻协议书是否合法有效？**

答：本案中的协议书是有效的，是双方的真实意思表示，内容也没有违反法律法规的强制性规定。而且李腾作为完全民事行为能力人，对协议书约定的违反协议的后果应当是有预见的，对承担经济赔偿的能力也应当是经过考量的。所以，李腾应当履行协议书约定的支付赔偿金的义务。

**2. 窦敏要求的这20万元都包括哪些费用？损害赔偿的数额应该如何来确定？**

答：一般离婚时的过错损害赔偿金包括物质损害赔偿和精神损害赔偿。这个案例中，双方通过协议的方式将赔偿金的数额予以明确，这个数额包含了物质损害赔偿和精神损害赔偿。根据约定大于法定的原则，本案中的赔偿数额不存在争议，但是如果当事人没有约定的话，物质损害赔偿的数额应当依照民法典的规定，计算医疗费、护理费、交通费、误工费等合理费用。精神损害赔偿的数额计算起来比较复杂，主要考虑以下因素：一是侵权人的过错程度；二是侵害的手段、场合、行为方式等具体情节；三是侵权行为所造成的后果；四是侵权人的获利情况；五是侵权人承担责任的经济能力；六是受诉法院所在地平均生活水平。

## 律师点评

为防止一方有婚外情或实施家暴等情形，很多夫妻之间签署了类似案例中的协议。对于这些协议，法律一般尊重当事人之间的有效约定，但还应当注意以下几个问题：一是如果这样的协议在财产处分方面明显失衡，法院可能会适当调整，比如法院有时可支持“净身出户”承诺，判决所有财产归无过错方所有，但如果过错方因此将无法维持当地基本生活水平，法院也可酌情保留其一定财产份额；二是类似的协议双方必须自愿签订，如果是一方在被胁迫的情况下（如在酒店被亲友团捉奸）签署，且出具人有证据证明被胁迫，则这样的协议书可能会被认定为无效；三是类似的协议书或者保证书不能有涉及人身关系的内容，否则剥夺人身权利的内容会被认定为无效，比如要求一方“保证不离婚”或“保证离婚后不再婚”等均属无效。

## 法条链接

**《中华人民共和国民法典》**

第一千零六十五条　男女双方可以约定婚姻关系存续期间所得的财产以及婚前财产归各自所有、共同所有或者部分各自所有、部分共同所有。约定应当采用书面形式。没有约定或者约定不明确的，适用本法第一千零六十二条、第一千零六十三条的规定。

夫妻对婚姻关系存续期间所得的财产以及婚前财产的约定，对双方具有法律约束力。

夫妻对婚姻关系存续期间所得的财产约定归各自所有，夫或者妻一方对外所负的债务，相对人知道该约定的，以夫或者妻一方的个人财产清偿。

第一千零九十一条　有下列情形之一，导致离婚的，无过错方有权请求损害赔偿：

（一）重婚；

（二）与他人同居；

（三）实施家庭暴力；

（四）虐待、遗弃家庭成员；

（五）有其他重大过错。

**《最高人民法院关于适用〈中华人民共和国民法典〉婚姻家庭编的解释（一）》**

第八十六条　民法典第一千零九十一条规定的“损害赔偿”，包括物质损害赔偿和精神损害赔偿。涉及精神损害赔偿的，适用《最高人民法院关于确定民事侵权精神损害赔偿责任若干问题的解释》的有关规定。

## 请别不理我

### 案情简介

陈祥和黄悦是大学同学，两人大学期间是男女朋友关系。大学毕业后，两人结婚了，过起了甜甜蜜蜜的小夫妻生活。一年后，黄悦发现自己怀孕了。在黄悦怀孕的那段时间里，陈祥鞍前马后，把黄悦照顾得无微不至。孩子出生后，陈祥为了不让妻子太辛苦，就决定自己工作养家，让黄悦专心在家做全职太太。黄悦产后由于疏于运动，一天天胖了起来，再也回不到以前那样苗条的身材了。陈祥刚开始还说不在意，但慢慢地回家越来越晚，而且回到家也不和黄悦说话，即便黄悦主动聊起一些话题，陈翔也是爱答不理的。黄悦认为老公这样做是典型的冷暴力，如果再继续这样下去，自己迟早会疯掉。可正当黄悦考虑要不要和老公离婚的时候，陈祥先提出要和黄悦离婚，并称黄悦已经不再是以前那个黄悦，现在的黄悦他接受不了。几个月来老公第一次主动和自己说话，竟然说的是离婚，黄悦非常伤心，而此时距离孩子出生才刚半年。

### 温馨解答

1. 案例中，陈祥的行为构成家庭冷暴力吗？

答：冷暴力是家庭暴力的一种，其表现形式多为冷淡、轻视、放任、疏远和漠不关心，致使他人精神上和心理上受到侵犯和伤害。家庭冷暴力多表现为夫妻双方产生矛盾时，漠不关心对方，将语言交流降到最低限度，停止或敷衍性生活，懒于做家务等行为，这实际上是对别人的一种精神虐待。根据案例的情况，陈祥对妻子黄悦不闻不问，漠不关心，也不与妻子做任何交流和沟通，属于典型的家庭冷暴力。

**2. 对于冷暴力，法律是如何规定的？**

答：以往法律对于冷暴力并没有明确的规定，冷暴力这个概念一直停留在学术界的讨论之中。2016 年 3 月 1 日实施的《中华人民共和国反家庭暴力法》明确将精神暴力纳入法律范畴，而冷暴力就属于精神暴力的一种。

**3. 案例中，孩子出生刚半年，若黄悦不同意离婚，陈祥能到法院起诉吗？**

答：依据我国的法律规定，女方在怀孕期间、分娩后一年内或中止妊娠后六个月内，男方不得提出离婚。本案中，黄悦产后才半年的时间，此时如果陈祥提出离婚，为了维护妇女的权益，法院是不受理的，除非黄悦自己提出离婚。

《中华人民共和国反家庭暴力法》把冷暴力也纳入法律保护的范围。与传统家暴的形式不同，冷暴力往往具有隐蔽性，当事人取证难度也较大，但是冷暴力给受害者带来的伤害绝不低于身体暴力，往往会造成家庭成员极大的精神痛苦。在遭遇冷暴力时，建议当事人要采取适当的方式沟通，将矛盾以妥善的方式及时化解。

**《中华人民共和国反家庭暴力法》**

第二条　本法所称家庭暴力，是指家庭成员之间以殴打、捆绑、残害、限制人身自由以及经常性谩骂、恐吓等方式实施的身体、精神等侵害行为。

**《中华人民共和国民法典》**

第一千零八十二条　女方在怀孕期间、分娩后一年内或者终止妊娠后六个月内，男方不得提出离婚；但是，女方提出离婚或者人民法院认为确有必要受理男方离婚请求的除外。

# 毒嘴丈夫

郭明媚和丈夫魏成凡结婚 5 年了，孩子刚满 4 岁。婚后，郭明媚生活得非常压抑，主要是因为丈夫魏成凡是一个嘴皮子特别厉害的男人，每次只要稍微不顺心就开始骂人，逮谁骂谁，什么难听骂什么，亲戚朋友都躲得远远的。可郭明媚和他是夫妻，天天生活在一起，想躲也没办法躲，而且郭明媚偏偏是一个不爱说话的人，魏成凡骂，她也不还口，就在那儿听着。长此以往，郭明媚在这个家里生活得越来越压抑，成天喘不过气来。最终，郭明媚向魏成凡提出离婚。很少被妻子顶撞的魏成凡一听，顿时火冒三丈，称只要郭明媚以后再敢提离婚，他就杀了郭明媚和孩子，然后自杀，边说还边殴打郭明媚，把郭明媚打得鼻青脸肿。此后，"一家三口同归于尽"便成了魏成凡的口头禅。郭明媚再也没敢提"离婚"二字，但是生活过得更加心惊胆战。

## 温馨解答

**1. 案例中，魏成凡对郭明媚长期的辱骂和威胁属于家庭暴力吗？**

答：魏成凡的行为属于家庭暴力中的语言暴力。语言暴力是指加害人使用谩骂、诋毁、蔑视、嘲笑等侮辱歧视性的语言攻击他人，致使对方精神上和心理上遭到侵犯和损害，它属精神暴力的范畴。

**2. 案例中，郭明媚想要离婚，但迫于魏成凡的威胁而不敢提离婚的事情，她该怎么办呢？**

答：从案例的情况来看，魏成凡是不同意离婚的，所以他们协议离婚是不可能的。在这种情况下，郭明媚只能向法院起诉离婚。建议郭明媚在向法院起诉时，一并申请人身安全保护令，禁止魏成凡在离婚诉讼期间殴打或骚扰她、孩子及其他亲属。

## 律师点评

提起家庭暴力，很多人想到的可能是殴打等肢体暴力，然而生活中却存在着一部分“动口不动手”的人，而且往往“动口”要比“动手”更加伤人，身体上的伤害尚可以治愈，但精神上的创伤往往容易给受害者造成无法抹去的恐惧和阴影。因此，侮辱谩骂、威胁恐吓等语言上的暴力也要引起足够的重视。

## 法条链接

**《中华人民共和国反家庭暴力法》**

第二条　本法所称家庭暴力，是指家庭成员之间以殴打、捆绑、残害、限制人身自由以及经常性谩骂、恐吓等方式实施的身体、精神等侵害行为。

# 妻子的报复

## 案情简介

赵静和方烨于2002年经人介绍认识，由于两人的年龄都比较大了，家里催得也比较急，经过短短几个月的交往，两人草草地领证结婚了。由于婚前缺乏足够的了解，草率的结婚最终没能带给双方想要的幸福。结婚后，方烨的性格缺点逐渐暴露出来，婚前还收敛的脾气在婚后再也压制不住了，凡事只要看不顺眼就对赵静拳脚相加。赵静一直觉得被打很没面子，所以就一次次忍下来。2013年，赵静遇到张凯，两人很投机，有时候赵静受了丈夫的气也愿意跟张凯倾诉，慢慢地对张凯有了不一样的感觉。2013年6月，赵静再一次受到老公的毒打，事后离家出走。一年后，方烨听说妻子和张凯住在一起，非常生气，找到张凯将其毒打一顿，后提出离婚，并要求赵静赔偿自己精神损失费10万元。

## 温馨解答

**1. 方烨想要离婚，并要求妻子赔偿精神损失费的要求是否合法呢？**

答：《中华人民共和国民法典》规定，夫妻一方有重婚，与他人同居，实施家庭暴力，虐待、遗弃家庭成员或者其他重大过错的情形时，无过错方可以请求损害赔偿，但双方都有过错的，无权要求对方赔偿。本案中，赵静婚内出轨存在过错，但方烨实施家庭暴力也有过错，因此方烨不属于法律规定的无过错方，故而不能主张损害赔偿。

**2. 方烨将张凯打伤的行为是否会受到法律的制裁呢？**

答：《中华人民共和国刑法》规定，故意侵害他人的身体，将他人打成轻伤及以上的，构成故意伤害罪，要承担刑事责任。张凯插足方烨的家庭是不道德的，但是方烨采用暴力方式解决问题，将张凯打伤触犯了法律，如果情节严重要承担刑事责任。

**3. 本案中，方烨应当通过何种方式维权？**

答：这是一则婚内夫妻双方均有过错的案例。案例中的赵静和方烨均采用极端的方式处理夫妻关系不合的问题，导致矛盾更加升级，这是完全错误的。方烨的妻子婚内与他人同居，违背了我国民法典所规定的夫妻之间的忠实义务。在夫妻感情确已破裂的情况下，方烨可以与妻子协议离婚或起诉离婚。

## 律师点评

在这个案例中，丈夫方烨施暴，妻子赵静出轨，双方都有过错，他们选择用一错再错惩戒自己这段一开始就注定错误的婚姻，可是最终换来的依旧是家庭的分崩离析。婚姻大事不能草率，婚前加强对彼此的了解非常重要，彼此之间牢固的感情基础才是婚姻幸福的前提。

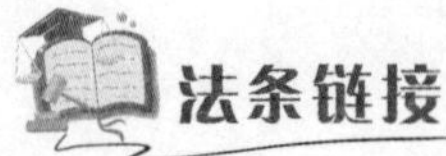

**《中华人民共和国民法典》**

第一千零九十一条　有下列情形之一，导致离婚的，无过错方有权请求损害赔偿：

（一）重婚；

（二）与他人同居；

（三）实施家庭暴力；

（四）虐待、遗弃家庭成员；

（五）有其他重大过错。

**《中华人民共和国刑法》**

第二百三十四条　故意伤害他人身体的，处三年以下有期徒刑、拘役或者管制。

犯前款罪，致人重伤的，处三年以上十年以下有期徒刑；致人死亡或者以特别残忍手段致人重伤造成严重残疾的，处十年以上有期徒刑、无期徒刑或者死刑。本法另有规定的，依照规定。

**《最高人民法院关于适用〈中华人民共和国民法典〉婚姻家庭编的解释（一）》**

第九十条　夫妻双方均有民法典第一千零九十一条规定的过错情形，一方或者双方向对方提出离婚损害赔偿请求的，人民法院不予支持。

## 无“证”的委屈

王云和丈夫程卫国结婚30年了，婚后生育了两个儿子，均已成年。程卫国是个暴脾气，从结婚第二年开始，便对王云实施家庭暴力，稍有不顺心便对王云拳脚相加。有一次，程卫国将王云打致手腕骨折，以致王云好几个月不能干活。还有一次，程卫国将王云打致视网膜损伤，直到现在王云的眼睛还经常看不清楚东西。王云几次想要离婚，但看着两个年幼的儿子，每次都狠不下心来，心想着也许程卫国年龄大些就会好点。可如今30年过去了，程卫国已经50多岁了，仍然没有任何改变。在两个儿子都成家之后，王云以程卫国常年存在家庭暴力为由向法院起诉离婚，可苦于没有证据，程卫国又不同意离婚，法院最终判决不准予两人离婚。

**1. 案例中，为什么法院判决不准予王云和程卫国离婚呢？**

答：根据案例的情况，王云虽然常年遭受家庭暴力，但苦于没有证据证明。由于王云没有证据证明程卫国实施家庭暴力，所以法院无法认定相关事实，那么王云第一次起诉离婚，如果程卫国坚决不同意离婚的话，法院很难判决双方离婚。王云可以在判决生效六个月后再次向法院起诉离婚。

**2. 要想让法院认定家庭暴力，证据是关键。那么，哪些证据可以证明存在家庭暴力？**

答：在实践中，可以证明家庭暴力存在的证据主要有以下几种：

第一，公安机关的出警记录。出警记录一般会明确记载暴力行为的发生、现场的情况、双方当事人的情况等内容，是最为直接、有效的证据。

第二，公安机关的告诫书。家庭暴力较轻，依法不给予治安管理处罚的，公安机关根据情况对加害人出具告诫书。法院会根据告诫书中所载明的家暴的事实陈述认定家暴的成立。

第三，伤情鉴定意见。受害人遭受家暴，如果受伤，要及时向所在地区的家暴伤情鉴定中心进行伤情鉴定，而鉴定中心出具的鉴定意见书，也是受害人诉讼维权的有力证据。

第四，医院出具的病例、影像报告，受害人受伤的照片等，可以证明受害人因家庭暴力遭受的损害。

第五，家庭暴力发生时的录音录像资料。这些资料直观地记录了家庭暴力发生时的现场状况，可以作为家庭暴力证据提交。

第六，加害人的悔过保证书。家庭暴力往往长期多次存在，很多加害人在实施暴力后会写保证书、悔过书，但过后会继续施暴。这类书面悔过或保证，可以作为加害人实施家庭暴力的证据。

第七，证人证言。如果家暴发生时有目击者，比如正好看到家暴发生的邻居，在家暴现场的当事人的子女、同事、朋友等，都可以对家暴的经过和具体事实出具证言。

## 律师点评

我们都知道这样一句话："打官司打的就是证据。"如果没有证据，有理也会变成无理。特别是在婚姻家庭纠纷中，很多当事人对家庭暴力无法提供有力的证据，导致明明受了很大委屈，却无法维权。因此，律师提醒广大女性朋友，如果遭遇家庭暴力，不管是否要及时维权或是否有离婚打算，都应当注重证据的收集，以免日后维权时因没有证据而无法获得支持。家庭暴力一旦被法院认定，那么即便在对方不同意离婚的情况下，受害方第一次起诉离婚，法院也能判离，而且受害方还可以要求施暴者支付一定数额的过错损害赔偿金。在子女抚养方面，因对方存在家庭暴力，有可能被认定为不适合抚养子女。由此可见，家庭暴力证据的收集与保管对受害者维权来说非常重要。

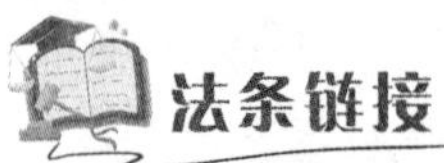

## 法条链接

**《中华人民共和国民法典》**

第一千零七十九条　夫妻一方要求离婚的，可以由有关组织进行调解或者直接向人民法院提起离婚诉讼。

人民法院审理离婚案件，应当进行调解；如果感情确已破裂，调解无效的，应当准予离婚。

有下列情形之一，调解无效的，应当准予离婚：

（一）重婚或者与他人同居；

（二）实施家庭暴力或者虐待、遗弃家庭成员；

（三）有赌博、吸毒等恶习屡教不改；

（四）因感情不和分居满二年；

（五）其他导致夫妻感情破裂的情形。

一方被宣告失踪，另一方提起离婚诉讼的，应当准予离婚。

经人民法院判决不准离婚后，双方又分居满一年，一方再次提起离婚诉讼的，应当准予离婚。

**《中华人民共和国反家庭暴力法》**

第二十条　人民法院审理涉及家庭暴力的案件，可以根据公安机关出警记录、告诫书、伤情鉴定意见等证据，认定家庭暴力事实。

## 萌不起来的萌萌

萌萌的爸爸和妈妈因性格不合于2016年离婚，双方因都想要孩子的抚养权而闹上了法庭。最终，萌萌的爸爸得到了萌萌的抚养权。然而，萌萌的爸爸因为忙于生意，根本没有时间亲自照顾萌萌，于是，萌萌被送到了老家由奶奶照看。2017年，萌萌的爸爸经人介绍认识了一位叫蔡丽丽的女士。蔡丽丽年轻漂亮，没有结过婚，而且特别会处理人际关系，很快就俘获了萌萌爸爸的心。经过一段时间的交往，萌萌的爸爸和蔡丽丽结婚了，并将萌萌接来同住。婚后成为全职太太的蔡丽丽无所事事，丈夫生意忙、应酬多，也没有时间陪她。当生气或者情绪不好的时候，蔡丽丽就拿萌萌撒气。本来就深受父母离婚伤害的萌萌，此时又受到来自继母的暴力，萌萌的脸上再也没有了往日的笑容。萌萌没有反抗能力，也不敢和爸爸说，蔡丽丽便变本加厉地打她。最近这一次，蔡丽丽肆无忌惮地把萌萌打得鼻青脸肿。萌萌被送往医院治疗过程中医生发现事情蹊跷，遂报了警。于是，蔡丽丽打骂萌萌的事情暴露了出来，萌萌的奶奶与爸爸这才看清蔡丽丽的真面目。

## 温馨解答

**1. 对于蔡丽丽打骂萌萌的行为，法律上是如何界定的？**

答：蔡丽丽的行为是非常严重的家庭暴力。根据我国法律规定，发生在所有家庭成员之间的殴打、捆绑、残害、限制人身自由以及经常性谩骂、恐吓等行为都属于家庭暴力。蔡丽丽是萌萌的继母，打骂萌萌的行为显然属于家庭暴力。

**2. 蔡丽丽应该承担什么样的责任？**

答：蔡丽丽应该承担民事赔偿责任，支付萌萌的医疗费等费用，此外，还应当受到相应的行政处罚。如果萌萌伤情严重的话，蔡丽丽还有可能会承担刑事责任。

**3. 案例中，萌萌到医院就诊时，医院的医生觉得事情蹊跷就报了警。对于医院来说，遇到类似情况是否有报警的义务？**

答：《中华人民共和国反家庭暴力法》规定，学校、幼儿园、医疗机构、居民委员会、村民委员会、社会工作服务机构、救助管理机构、福利机构及其工作人员在工作中发现无民事行为能力人、限制民事行为能力人遭受或者疑似遭受家庭暴力的，应当及时向公安机关报案。否则，因未依照规定向公安机关报案，造成严重后果的，由上级主管部门或者本单位对直接负责的主管人员和其他直接责任人员依法给予处分。

## 律师点评

近年来，虐童案件不断发生。因为孩子的自我保护意识比较弱，尤其是面对来自身边最亲近的人的伤害，孩子既无处可逃，又无处求助。本案是继母虐待孩子的情形，亲生父母虐待孩子的情况也时有发生。分析其原因，不外乎是家庭矛盾或者施暴者的性格缺陷使然。在此，律师提醒有暴力倾向的父母，对于出现的家庭矛盾要理性地妥善处理，既不能用暴力来解决问题，更不能将暴力行为指向未成年的孩子。

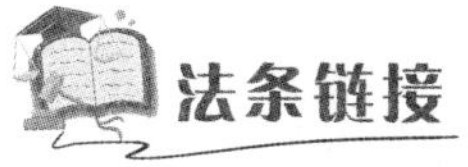


**《中华人民共和国反家庭暴力法》**

第五条　反家庭暴力工作遵循预防为主，教育、矫治与惩处相结合原则。

反家庭暴力工作应当尊重受害人真实意愿，保护当事人隐私。

未成年人、老年人、残疾人、孕期和哺乳期的妇女、重病患者遭受家庭暴力的，应当给予特殊保护。

第十四条　学校、幼儿园、医疗机构、居民委员会、村民委员会、社会工作服务机构、救助管理机构、福利机构及其工作人员在工作中发现无民事行为能力人、限制民事行为能力人遭受或者疑似遭受家庭暴力的，应当及时向公安机关报案。公安机关应当对报案人的信息予以保密。

第三十五条　学校、幼儿园、医疗机构、居民委员会、村民委员会、社会工作服务机构、救助管理机构、福利机构及其工作人员未依照本法第十四条规定向公安机关报案，造成严重后果的，由上级主管部门或者本单位对直接负责的主管人员和其他直接责任人员依法给予处分。

## 暴力的女婿

吴倩倩与丈夫李东明于2016年3月登记结婚。由于李东明家庭困难，没有购买婚房，吴倩倩的父母为了不让女儿受委屈，在小两口婚前就为他们买了一套房子，落在了吴倩倩名下。两人结婚后，李东明始终觉得住着岳父岳母给买的房子没面子，不顺心，几次都和吴倩倩提出要到外面租房居住。吴倩倩觉得李东明太大男子主义了，光要面子不考虑实际，两个人每月工资加起来还不到8000元，以后再有个孩子，根本不够一家人的开销，哪里还有钱到外面租房子？因此，吴倩倩坚决不同意在外租房居住，久而久之，两个人的矛盾越积越深。2016年6月的一天，吴倩倩的母亲来看望吴倩倩，李东明又一次提起了到外面租房子的事情。吴倩倩的母亲觉得很是不可思议，于是就说了李东明几句。没想到喝了点酒的李东明一下子就爆发了，一边骂人一边砸东西，还要动手打吴倩倩。吴倩倩的母亲怕女儿受伤害，拼命护着女儿，自己却被女婿打倒在地。吴倩倩赶忙报了警，并叫来急救车。后经检查，吴倩倩的母亲被打断了一根肋骨。见李东明如此暴力，吴倩倩提出要和他离婚。

## 温馨解答

**1. 李东明将岳母打伤，这种行为在法律上属于什么性质？**

答：李东明的行为属于家庭暴力。很多人认为，只有夫妻之间的暴力才是家庭暴力，其实不然。只要是对家庭成员实施的暴力行为，都属于家庭暴力，比如打孩子、打老人等，只不过丈夫打妻子这种家庭暴力比较常见。

**2. 吴倩倩的母亲被李东明打伤，法律如何制裁李东明？**

答：法律对李东明如何制裁，需要看吴倩倩母亲的伤势如何。如果经鉴定，吴倩倩母亲的伤构成轻伤以上，那么李东明的行为触犯《中华人民共和国刑法》，构成故意伤害罪，会被判刑。如果伤情不是很严重，没有构成轻伤，那么李东明的行为也触犯了《中华人民共和国治安管理处罚法》，会受到行政处罚，比如拘留、罚款等。此外，吴倩倩的母亲还可以就医疗费、误工费等损失提起民事赔偿诉讼。

## 律师点评

案例中，吴倩倩和李东明结婚才 3 个多月，两个人之间没有太大的矛盾，但是李东明殴打其岳母的行为使得两个人的婚姻走到了尽头，不由得让人感到惋惜。由此可见，家庭暴力的危害是很大的。首先，它严重侵害了受暴者的人格尊严和身心健康，甚至威胁生命。其次，它会破坏一个家庭的稳定性。近几年，我国因为家庭暴力而离婚的案件在逐年增长。再次，家庭暴力给孩子造成的伤害是最大的，它不仅会影响孩子的生活和学习，还严重影响孩子的心理健康，甚至还会给孩子起到一种坏的示范作用，让孩子形成用拳头解决问题的错误认识。很多新生家庭的暴力都来源于原生家庭。最后，律师提醒大家，表面看来，施暴人似乎是家庭暴力中获益的一方，其实不然，家庭暴力所导致的种种后果，施暴者也是要直接或间接地承担的，比如近年来发生了很多受暴者不堪忍受暴力而杀害施暴者的案件。所以说，家庭暴力是一件有百害而无一利的事情，不管是男性，还是女性，都要坚决杜绝家庭暴力的发生。

**《中华人民共和国反家庭暴力法》**

第三条 家庭成员之间应当互相帮助，互相关爱，和睦相处，履行家庭义务。

反家庭暴力是国家、社会和每个家庭的共同责任。

国家禁止任何形式的家庭暴力。

第五条第三款 未成年人、老年人、残疾人、孕期和哺乳期的妇女、重病患者遭受家庭暴力的，应当给予特殊保护。

## 无奈的反击

何琳 21 岁时经人介绍与丈夫丁勇结婚，婚后生育了一对儿女。但何琳总觉得丁勇不是特别喜欢自己，对自己总是这儿也看不惯，那儿也看不惯。后来得知，丁勇在结婚前曾有一个初恋情人，两人感情非常好，但因为对方父母反对，最终没能结婚，为了赌气，丁勇才草草地与自己相亲、结婚。何琳深深地理解丈夫内心的苦楚，也尽量呵护着他。但是十几年来，丁勇一直是这种状态，更可怕的是，不知道从什么时候起，丁勇染上了酗酒的恶习，一遇到不顺心的事，就会用喝酒来发泄心中的不满，而且经常对何琳拳打脚踢。何琳已记不清被丈夫打了多少次。何琳也曾想过要离婚，但是想到孩子们还太小，一直没下定决心。对于丁勇的打骂，何琳早已习惯，但她怕万一哪天

丁勇失手伤了孩子，那可怎么得了。然而，何琳的担心并非多余，事情很快便发生了。一天，孩子们放学回家，正好赶上丁勇喝了酒，要打何琳。孩子们一看妈妈要挨打，赶紧跑过来拦着，结果丁勇失手将酒瓶扔到儿子头上，打得儿子头破血流，缝了 6 针。何琳忍无可忍，晚上趁丁勇喝醉熟睡，将其勒死，随后直接去派出所自首。

## 温馨解答

**1. 案例中，何琳虽然是受害者，但最后演变为杀人凶手，在法律上应该如何定性？**

答：何琳故意非法剥夺他人生命的行为是一种故意杀人的行为，其主观上有非法剥夺他人生命的故意，即明知自己的行为会发生他人死亡的危害后果，并且希望或者放任这种结果的发生；客观上也确实实施了这样的行为，造成了他人死亡的危害结果，应当承担故意杀人罪的刑事责任。可判处死刑、无期徒刑或者10 年以上有期徒刑；情节较轻的，处3 年以上10 年以下有期徒刑。

**2. 根据案例的情况，何琳是因为长期遭受家庭暴力，忍无可忍，才做出过激行为，是否属于正当防卫？**

答：何琳的行为不符合正当防卫的条件。所谓的正当防卫指的是为使国家、公共利益、本人或者他人的人身、财产和其他权利免受正在进行的不法侵害，而采取的制止不法侵害的行为，对不法侵害人造成损害的，不承担刑事责任。构成正当防卫的前提是，不法侵害正在进行。显然，案例中，何琳是在不法侵害发生后实施的杀人行为，不符合正当防卫的条件。

## 律师点评

这是一起典型的因家庭暴力引起的刑事案件。案例中，何琳长期遭受丈夫丁勇的家庭暴力，甚至年幼的孩子也受到了暴力的威胁。一向忍气吞声的何琳在看到孩子受伤后，天生的母性被激发，内心的仇恨更是被激起，于是发生了案例中的惨剧。爸爸被杀，妈妈入狱，最受伤害的就是孩子，不仅面临着无人照顾的困境，而且还有可能在心理上形成无法抹去的阴影。由此可见，家庭暴力已不仅是家事问题了，严重的情况下还有可能引发刑事案件，造成社会的不稳定。

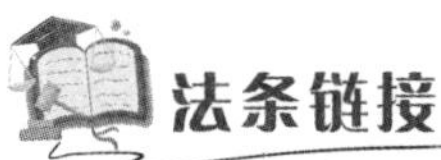

**《中华人民共和国刑法》**

第二十条　为了使国家、公共利益、本人或者他人的人身、财产和其他权利免受正在进行的不法侵害，而采取的制止不法侵害的行为，对不法侵害人造成损害的，属于正当防卫，不负刑事责任。

正当防卫明显超过必要限度造成重大损害的，应当负刑事责任，但是应当减轻或者免除处罚。

对正在进行行凶、杀人、抢劫、强奸、绑架以及其他严重危及人身安全的暴力犯罪，采取防卫行为，造成不法侵害人伤亡的，不属于防卫过当，不负刑事责任。

第二百三十二条　故意杀人的，处死刑、无期徒刑或者十年以上有期徒刑；情节较轻的，处三年以上十年以下有期徒刑。

## 向暴力老公要精神损失费

林永清出生于一个干部家庭，父母早年在革命生涯中结为患难夫妻，一直感情很好，从来没有吵过架、红过脸。因此，林永清一直生活在一个和谐的家庭里。然而，这一切在她出嫁之后就改变了。林永清早年在工厂里也算是厂花，追求的人很多，但她对一个叫廖忠勇的人情有独钟。廖忠勇和林永清在同一个工厂里工作，为人内向，很少与人打交道。车间主任看到林永清对廖忠勇有意思，于是就帮着撮合。最终，林永清和廖忠勇结为夫妻。可婚后林永清才发现，廖忠勇并没有看上去那么老实，他话不多，但在生气的时候说的每句话都特别伤人，有时候还会对林永清动手。每次林永清受了委屈都会向家里哭诉。家里人看着林永清这么受苦，于心不忍，就给林永清支了个招：如果以后廖忠勇再动手，林永清就报警。就这样，林永清按照家人的说法每次都报警，片区民警都知道这个厂区宿舍里住着一户经常闹架的家庭。廖忠勇也被多次训诫。2015 年，已经退休的林永清再也不想这样吵吵闹闹地过下去了，她希望自己在晚年能过几天清静的日子，于是向法院起诉离婚，并要求廖忠勇赔偿精神损失。

## 温馨解答

**1. 林永清多年遭受家庭暴力，要求精神损害赔偿能得到法院的支持吗？**

答：根据案例的情况，林永清遭受家庭暴力多次报警，廖忠勇也多次被训诫，这些记录都可以作为证据证明廖忠勇实施过家庭暴力。因此，林永清依法有权要求精神损害赔偿，亦会得到法院的支持。

**2. 精神损害赔偿数额一般是多少？**

答：对于数额法律没有明确规定，一般由法院参照受伤害程度、施暴者的过错程度、承受能力以及当地生活水平等因素作出判决。

## 律师点评

家庭暴力问题作为离婚案件的重要诱因，在很大程度上影响着家庭的稳定与和谐。在实践中，大部分家庭暴力都是比较轻微的，但家庭暴力不仅仅侵犯受暴者的身体，还严重伤害受暴者的心理。因此，在家庭暴力较轻微没有造成损害后果的情况下，适当支持受害者提出的精神损害赔偿，一定程度上有利于制止家庭暴力的发生。

## 法条链接

**《最高人民法院关于确定民事侵权精神损害赔偿责任若干问题的解释》**

第一条　因人身权益或者具有人身意义的特定物受到侵害，自然人或者

其近亲属向人民法院提起诉讼请求精神损害赔偿的，人民法院应当依法予以受理。

第五条　精神损害的赔偿数额根据以下因素确定：

（一）侵权人的过错程度，但是法律另有规定的除外；

（二）侵权行为的目的、方式、场合等具体情节；

（三）侵权行为所造成的后果；

（四）侵权人的获利情况；

（五）侵权人承担责任的经济能力；

（六）受理诉讼法院所在地的平均生活水平。

## “王子”变“恶魔”

吴美丽2012年高中毕业后来到省城，在一个商场做促销员。吴美丽长得漂亮，身材高挑。2015年年底，吴美丽遇到了自己心目中的白马王子王浩。王浩在一家房屋中介机构工作。两人很快确立了恋爱关系并同居。3个月后，吴美丽怀孕了，于是两人匆匆忙忙地结了婚。然而结婚没多久，两人就开始经常发生争吵。有一次，王浩在和吴美丽争吵的过程中，情急之下打了吴美丽，导致吴美丽出现了早产征兆，好在最终母子平安。在吴美丽坐月子期间，王浩嫌家里太乱、孩子太吵，经常埋怨吴美丽，两人为此经常吵架，而且王浩逐渐形成了一吵架就好动手的习惯。就这样吵吵闹闹到了孩子一周岁的时候，吴美丽将孩子送回王浩的老家，自己开始上班。有一次，一个男同事送吴美丽回家，正好碰到了王浩，王浩顿时非常生气，便和吴美丽吵了起来。在楼道里王浩开始殴打吴美丽，一脚把吴美丽踢倒，吴美丽顺着楼梯就滚了下来。邻居见后赶忙报了警。警察来了之后，将王浩带到派出所，吴美丽则被送到了医院。经过诊断，吴美丽小腿骨折，需要手术。吴美丽在医院住了一个月，后来又在家休养了两个月。因吴美丽的伤情构成了轻伤，公安机关依法立案侦查，并对王浩进行了刑事拘留。

## 温馨解答

**案例中，吴美丽身体受到伤害可以获得哪些赔偿？王浩又会受到怎样的制裁？**

答：本案中，王浩对妻子吴美丽施暴，造成吴美丽小腿骨折，住院一个月的损害后果，根据《中华人民共和国民法典》的相关规定，王浩的行为侵犯了吴美丽的人身权益，其对此应当承担损害赔偿责任。具体来说，王浩应当承担吴美丽因受伤而支付的医药费、护理费、交通费、住宿费、住院伙食补助费、必要的营养费以及住院期间的误工费等费用。

另外，吴美丽的伤情已经构成轻伤，根据《中华人民共和国刑法》的规定，王浩故意伤害他人身体的行为构成故意伤害罪，经法院认定后其将会受到刑事制裁。

## 律师点评

夫妻在婚姻生活中产生矛盾是不可避免的，然而处理矛盾的方式却是可以选择的。在面对矛盾时，夫妻双方一定要理智冷静，互谅互让，及时化解矛盾纠纷，防止家庭暴力的发生。但是，在一方的合法权益受到另一方非法侵犯时，受害方一定要及时拿起法律武器保护自己。

## 法条链接

**《中华人民共和国民法典》**

第一千一百七十九条　侵害他人造成人身损害的，应当赔偿医疗费、护理费、交通费、营养费、住院伙食补助费等为治疗和康复支出的合理费用，以及因误工减少的收入。造成残疾的，还应当赔偿辅助器具费和残疾赔偿金；造成死亡的，还应当赔偿丧葬费和死亡赔偿金。

**《中华人民共和国刑事诉讼法》**

第一百零一条 被害人由于被告人的犯罪行为而遭受物质损失的，在刑事诉讼过程中，有权提起附带民事诉讼。被害人死亡或者丧失行为能力的，被害人的法定代理人、近亲属有权提起附带民事诉讼。

如果是国家财产、集体财产遭受损失的，人民检察院在提起公诉的时候，可以提起附带民事诉讼。

第一百零三条 人民法院审理附带民事诉讼案件，可以进行调解，或者根据物质损失情况作出判决、裁定。

# 第二节　交通事故

## 想“私了”的酒驾分子

2014 年 9 月 5 日，陈晨在好友家里喝完酒后驾驶自己的小轿车回家。途中，陈晨的车辆与赵海驾驶的小轿车在一个十字路口发生刮擦。由于车辆的损坏比较轻微，两人准备自行处理，不打算报警。但闻讯赶来的交警认为该起事故不能由两人自行处理。而陈晨认为双方对于交通事故的事实和事故成因都没有异议，根本无须交警部门出面处理，觉得交警部门完全是多管闲事，因此，坚决反对交警部门出面处理此事。

### 温馨解答

1. 发生交通事故后，何种情况下可以自行协商处理？

答：结合我国法律法规的有关规定，机动车与机动车、机动车与非机动车发生财产损失事故，当事人对事实及成因无争议的，可以自行协商处理损害赔偿事宜。车辆可以移动的，当事人应当在确保安全的原则下对现场拍照或者标划事故车辆位置后，立即撤离现场，将车辆移至不妨碍交通的地点，再进行协商。因此，对于交通事故仅仅是财物损失，且当事人对事故的事实和事故的形成原因没有争议，当事人自行协商达成协议的，可自行填写道路交通事故损害赔偿协议书，并共同签名。

**2. 本案中，双方能够自行协商解决吗？**

答：根据我国现行法律的规定，发生交通事故，有几种情况当事人应当保护现场并立即报警，比如造成人员死亡、受伤的，或者碰撞建筑物、公共设施或其他设施的，驾驶人有饮酒、服用国家管制的精神药品或者麻醉药品嫌疑的等情形。本案中，虽然没有造成当事人伤亡或重大财产损失，但是陈晨有酒后驾驶车辆的严重交通违法行为，因此不能由当事人自行协商处理，必须交由交警部门处理。

## 律师点评

在实际生活中，发生交通事故之后，大多数人的第一选择就是报警，实际上当事人对于部分符合自行处理条件的案件是无须报警就可自行解决的，尤其在交通高峰期，若事故双方能够自行解决，这样既节省了双方的时间，也能避免公共资源的浪费。然而，案例中的情况显然不属于能够通过双方协商约定自行解决的情形。陈晨是在饮酒后驾驶汽车导致交通事故发生的，虽然车辆刮擦并不严重且也获得了对方的谅解，但由于酒后驾驶是我国法律严厉禁止的，所以本案中的交通事故必须由交警部门处理而不能自行协商处置。

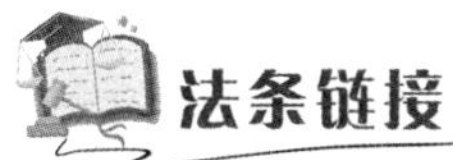

## 法条链接

**《中华人民共和国道路交通安全法》**

第七十条　在道路上发生交通事故，车辆驾驶人应当立即停车，保护现场；造成人身伤亡的，车辆驾驶人应当立即抢救受伤人员，并迅速报告执勤的交通警察或者公安机关交通管理部门。因抢救受伤人员变动现场的，应当标明位置。乘车人、过往车辆驾驶人、过往行人应当予以协助。

在道路上发生交通事故，未造成人身伤亡，当事人对事实及成因无争议的，可以即行撤离现场，恢复交通，自行协商处理损害赔偿事宜；不即行撤离现场的，应当迅速报告执勤的交通警察或者公安机关交通管理部门。

在道路上发生交通事故，仅造成轻微财产损失，并且基本事实清楚的，当事人应当先撤离现场再进行协商处理。

**《中华人民共和国道路交通安全法实施条例》**

第八十六条　机动车与机动车、机动车与非机动车在道路上发生未造成人身伤亡的交通事故，当事人对事实及成因无争议的，在记录交通事故的时间、地点、对方当事人的姓名和联系方式、机动车牌号、驾驶证号、保险凭证号、碰撞部位，并共同签名后，撤离现场，自行协商损害赔偿事宜。当事人对交通事故事实及成因有争议的，应当迅速报警。

**《道路交通事故处理程序规定》**

第十三条　发生死亡事故、伤人事故的，或者发生财产损失事故且有下列情形之一的，当事人应当保护现场并立即报警：

（一）驾驶人无有效机动车驾驶证或者驾驶的机动车与驾驶证载明的准驾车型不符的；

（二）驾驶人有饮酒、服用国家管制的精神药品或者麻醉药品嫌疑的；

（三）驾驶人有从事校车业务或者旅客运输，严重超过额定乘员载客，或者严重超过规定时速行驶嫌疑的；

（四）机动车无号牌或者使用伪造、变造的号牌的；

（五）当事人不能自行移动车辆的；

（六）一方当事人离开现场的；

（七）有证据证明事故是由一方故意造成的。

驾驶人必须在确保安全的原则下，立即组织车上人员疏散到路外安全地点，避免发生次生事故。驾驶人已因道路交通事故死亡或者受伤无法行动的，车上其他人员应当自行组织疏散。

第二十三条　公安机关交通管理部门可以适用简易程序处理以下道路交通事故，但有交通肇事、危险驾驶犯罪嫌疑的除外：

（一）财产损失事故；

（二）受伤当事人伤势轻微，各方当事人一致同意适用简易程序处理的伤人事故。

适用简易程序的，可以由一名交通警察处理。

# 一个都不能少

王晓莉是一家外贸公司的会计，为了上班方便，结婚之后一家三口在公司附近买了房子，每天走路上班。王晓莉觉得这样既锻炼了身体，每月还能省下不少交通费用，很划算。一次下班途中，王晓莉被一辆面包车撞成重伤。经交警部门认定，此次交通事故双方均无过错。事故发生后，王晓莉立即被送往附近的一家医院治疗，住院花费治疗费、检查费等共计100324元。事发后，王晓莉依据《工伤保险条例》的相关规定，以工伤为由获赔10万元的工伤赔偿金，又以交通事故人身损害赔偿为由要求面包车的车主刘先生承担赔偿责任。刘先生认为虽然自己驾驶的面包车将王晓莉撞伤，但自己在整个事故过程中没有过错，不应承担任何赔偿责任，遂拒绝支付任何赔偿费用。王晓莉索赔无果，欲委托律师将刘先生诉至法院。

**1. 王晓莉在下班途中被面包车撞伤，是否属于劳动法意义上的工伤呢？**

答：根据我国《工伤保险条例》的相关规定，企业职工在上下班途中，受到非本人主要责任的交通事故或者城市轨道交通、客运轮渡、火车事故伤害的，应当认定为工伤。王晓莉所在的外贸公司应当自事故伤害发生之日起30日内，向统筹地区社会保险行政部门申报工伤。外贸公司不按规定申报的，王晓莉或其近亲属可以在1年之内直接向外贸公司所在地统筹地区社会保险行政部门提出工伤认定申请。

**2. 如果面包车的车主刘先生存在过错，王晓莉在获得工伤赔偿之后能否再要求刘先生承担人身损害赔偿责任？**

答：当交通事故赔偿与工伤保险待遇两者发生竞合时，我国法律没有明确规定两者实行择一赔偿原则或者差额互补原则，所以，工伤职工完全可以获得双重赔偿，这有利于使工伤职工的合法利益得到最大限度的保护。因此，王晓莉在获得工伤赔偿的情况下仍然有权按照道路交通事故的相关法律规定要求刘先生承担相应的赔偿责任。具体包括医疗费、误工费、住院伙食补助费、护理费、交通费、住宿费等。

## 律师点评

这个案例涉及在发生交通事故时，工伤待遇和人身损害赔偿竞合的特殊情况。对于这个问题理论界主要存在两种观点：一种观点认为，发生交通事故后，劳动者可以同时主张交通事故赔偿与工伤保险给付，但其所获得的赔偿不应超过实际遭受的损害；另一种观点认为，交通事故赔偿与工伤待遇发生竞合，职工可以依照不同的法律规定分别获得救济，这也是司法实践中普遍接受的观点。依据《最高人民法院关于审理人身损害赔偿案件适用法律若干问题的解释》第三条第一款的规定，因用人单位以外的第三人侵权造成劳动者人身损害，赔偿权利人请求第三人承担民事赔偿责任的，人民法院应予支持。这样就明确了在此种情况下，如案例中的王晓莉是可以依法获得双重赔偿的。

## 法条链接

**《工伤保险条例》**

第十四条　职工有下列情形之一的，应当认定为工伤：（一）在工作时间和工作场所内，因工作原因受到事故伤害的；（二）工作时间前后在工作场所内，从事与工作有关的预备性或者收尾性工作受到事故伤害的；（三）在工作时间和工作场所内，因履行工作职责受到暴力等意外伤害的；（四）患职业病的；（五）因工外出期间，由于工作原因受到伤害或者发生事故下落不明的；（六）在上下班途中，受到非本人主要责任的交通事故或者城市轨道交通、客运轮渡、火车事故伤害的；（七）法律、行政法规规定应当认定为工伤的其他情形。

**《最高人民法院关于审理人身损害赔偿案件适用法律若干问题的解释》**

第三条　依法应当参加工伤保险统筹的用人单位的劳动者，因工伤事故遭受人身损害，劳动者或者其近亲属向人民法院起诉请求用人单位承担民事赔偿责任的，告知其按《工伤保险条例》的规定处理。

因用人单位以外的第三人侵权造成劳动者人身损害，赔偿权利人请求第三人承担民事赔偿责任的，人民法院应予支持。